Éloge des vertus minuscules

Marina van Zuylen

Éloge des vertus minuscules

Traduit de l'anglais (États-Unis)
par Clotilde Meyer

Flammarion

ISBN : 978-2-0804-1931-6

« La vie de César n'offre pas plus d'enseignement pour nous que la nôtre : que ce soit la vie d'un empereur ou celle d'un homme du peuple, c'est toujours une vie, exposée à tous les accidents d'une vie humaine. »

Montaigne, *Essais*

Personne ne saurait être trop insignifiant ni trop laid.

Georg Büchner, *Lenz*

Il n'était donc en somme qu'un homme médiocre, encore que dans un sens des plus honorables.

Thomas Mann, *La Montagne magique*

Quiconque choisit le juste milieu, précieux comme de l'or, vit en sécurité, sans souffrir de la pauvreté et de ses laideurs ; il vit dans la modération, loin des palais que le vulgaire envie. Les pins élevés sont le plus souvent battus par les vents ; les plus hautes tours tombent le plus lourdement ; les sommets sont frappés par la foudre.

Horace, *Odes* II, 10

Pour Chacha, Cordelia, Vanessa
Pour Simon, Sara, Jessica, Max, Benji

Prologue

À la mort de l'artiste belge Jacques Lizène, sa nécrologie le présenta comme l'un des rares professionnels de l'« insuccès ». Ce maître du fiasco défendait en effet l'existence d'un art du ratage, façon pour l'artiste d'échapper aux sirènes de la gloire et de la fortune. Son esthétique de la médiocrité visait, paradoxalement, à rappeler l'importance de la « non-importance ». Non contente de m'inscrire dans sa lignée, je veux pousser sa logique un peu plus loin : pour moi, ces différentes catégories sont poreuses et je rejette l'équivalence entre la substance, l'identité d'une personne, et son statut social. La notion d'*assez bien* me plaît parce que c'est une non-catégorie, volontairement vague. D'un côté, elle touche au Bien, mais de l'autre le modalisateur qui précède interdit toute arrogance. Lizène se revendiquait un artiste sans talent ; je plaide quant à moi pour une autre façon de définir le talent, indépendante des signes extérieurs du succès. Quelle n'est pas la pauvreté de notre vocabulaire quand il s'agit de décrire une vie réussie ! La ligne de partage entre reconnaissance et oubli, éloge et mépris est extrêmement ténue. Et nous sommes bien peu doués pour déchiffrer nos congénères en dehors de leurs succès tangibles. Il n'y a pas si longtemps, obtenir une mention « assez bien » au bac était un résultat honorable. Aujourd'hui, c'est souvent l'annonce d'un « insuccès » futur. Rien ne définit moins un individu que les fameux « résultats du bac ». Et pourtant… Cet « assez bien » devrait se prêter à diverses interprétations.

Dans la notion d'*assez bien*, la nuance apportée par l'adverbe m'a rendue plus prudente dans mes jugements, plus circonspecte dans mon exploration des recoins cachés de la conscience humaine. Les romanciers et les philosophes qui m'ont guidée au cours de cette quête ont su entendre palpiter la vie dans ses manifestations les plus discrètes plutôt qu'écouter les seuls porte-voix de l'universelle ambition. En s'attachant à représenter les petits traumatismes, la honte sociale, l'aiguillon de l'amitié, l'éphémère heure de gloire, ils m'ont ouvert des pans d'histoires oubliées. Même les vies admirables ont leur lot de désillusions. De quoi nous ramener sur terre et nous rappeler que le perfectionnisme est un obstacle pour apprécier pleinement la beauté de la dissonance. La vie est faite d'événements imprévisibles et de rencontres de hasard, qui ne sont bien souvent remarquables que rétrospectivement. Je me demande quel cours aurait pris mon existence si j'avais plus tôt accommodé ma vue au moins visible, à ce qui, en première approche, semblait relever d'un mode mineur.

Ce livre se veut un poste d'observation privilégié de qualités discrètes – à commencer par la dignité et l'attention aux autres. Les étiquettes – médiocre, passable – peuvent détruire une personne. Cela vaut aussi pour les jugements d'autodépréciation, qui pulvérisent nos fragiles egos. Le mépris de soi ne naît pas seulement des vexations répétées de notre entourage, mais aussi du dénigrement que nous nous infligeons à nous-mêmes. Si nous ne sommes pas *quelqu'un*, alors nous ne sommes personne. À peine perceptible, parfois si subtile que nous seuls en avons connaissance (mais avec une certitude viscérale), l'exclusion pénètre la trame profonde de notre identité, présente et future. Analyser et décoder les manifestations de la honte ou du malaise, de la fierté ou de la joie exigent la touche d'un miniaturiste. L'adverbe « assez » est précisément cette touche. Il nous offre une pause, nous aide à observer sans sauter trop vite aux conclusions, se muant pour finir en sympathie et en *bienveillance*. Un premier prix, une grande école, une mention « très bien » avec félicitations : tout cela monopolise notre attention, éclipsant au passage les résultats plus nuancés. Je veux arracher l'idée d'*assez bien* à son statut ancillaire. Mon nouvel ami, le modalisateur « assez », nous évite de tomber dans la caricature, en nous ouvrant les yeux sur une réalité nouvelle. Non plus ancrée dans le désir de reconnaissance, mais dans les interstices de l'expérience même. Nous n'échapperons jamais complètement au besoin d'approbation, ni à ce penchant typiquement humain à juger et à comparer, mais nous pouvons en changer la teneur.

Un demi-cerveau

Plusieurs raisons m'ont poussée à écrire sur la notion d'*assez bien*, mais c'est une drôle de mésaventure médicale qui m'a finalement menée à ce concept un peu fade bien que non dénué d'attraits. Tout a commencé par la faute d'un radiologue incompétent. Souffrant de grosses migraines, je venais de passer une IRM. Le neurologue avait entre les mains les résultats de mes examens lorsque je suis entrée dans son bureau. Il s'est raclé la gorge nerveusement avant de m'annoncer la terrible nouvelle : il manquait une partie de mon cerveau. À ces mots j'ai dû blêmir car, après m'avoir demandé ce que je faisais dans la vie, d'un ton qui se voulait consolateur il m'a raccompagnée sur cette réflexion inoubliable, à la fois incongrue et insultante : « Vous êtes professeure de littérature ? Bon, ne vous en faites pas trop. Si vous aviez été mathématicienne, là, oui, c'eût été une très mauvaise nouvelle. »

Cet atroce rendez-vous m'apprit une chose étrange. Loin d'être ébranlée ou effrayée, je me suis sentie soulagée. Voilà donc pourquoi j'avais une si vive conscience de mes limites ! Enfin je comprenais pourquoi j'avais été si mauvaise élève au lycée, pourquoi j'étais nulle en maths et en physique et pourquoi j'avais obtenu la pire note possible aux tests de logique obligatoires pour entrer à l'université aux États-Unis. Dans les jours qui suivirent cette révélation, je me pris d'affection pour mon demi-cerveau. Je me chouchoutais, me préparais à faire part de ma situation à mes amis et ma famille, pour mieux justifier, déculpabiliser une existence sans grande ambition.

Une chose était sûre à ce stade : je me libérais lentement des pressions épuisantes, des exigences de toutes sortes qui transforment une vie en quête de performance plutôt que de bonheur. Mon surmoi avait soudain été mis sur pause. En outre, un spécialiste du cerveau m'avait autorisée à accepter mes insuffisances, à m'en dédouaner puisqu'un diagnostic tangible les expliquait. En deux mots, j'étais désormais la femme au demi-cerveau qui avait *héroïquement* surmonté son handicap. Et tout ce que j'avais accompli jusqu'à présent n'était assurément pas si mal.

J'imaginais déjà comment ce diagnostic allait magiquement m'exonérer de dates butoirs urgentes, ou du manuscrit dont j'avais peine à accoucher. Déjà, me tapotant l'épaule, je me rassurais : mes échecs n'avaient rien à voir avec un manque de volonté. Je me demandais : comment allais-je annoncer à mes collègues que j'étais née avec seulement une moitié de cerveau ? Cela jouerait-il en ma faveur ou en ma défaveur ? Allait-on me regarder avec pitié ? Mes travaux seraient-ils reconsidérés, avec un mélange d'admiration et d'épouvante ? Dans le monde ultra-compétitif de la recherche académique, j'avais souvent rêvé d'une porte de sortie. Enfin je pouvais échapper au jugement de mes pairs, être sauvée de mon inextinguible soif de reconnaissance. Et faire cesser le jeu de cache-cache auquel mon humilité jouait avec mon ambition.

Ma curieuse euphorie fut de courte durée. J'eus bientôt l'occasion de montrer les radios à mon médecin traitant, qui remarqua tout de suite qu'elles étaient floues. Ce n'était pas une moitié de mon cerveau qui manquait, s'esclaffa-t-il, mais une partie de l'image ! Il me prescrivit une nouvelle série de radios, sur lesquelles mon cerveau apparaissait parfaitement intact. S'amusant de ma crédulité, il ajouta que nous n'étions pas dans *Le Magicien d'Oz*, et que je n'allais pas me retrouver sur la route de brique jaune en quête d'un nouveau cerveau. Je lui avouai que le diagnostic ne m'avait pas totalement surprise. « Comment cela, vous aviez toujours su que vous n'aviez peut-être qu'une moitié de cerveau ? Pas de fausse modestie, je vous prie », me taquina-t-il. Il ne me croyait pas. Et de fait, comment aurait-il pu, lui ou quiconque ne me connaissant que de loin, saisir combien cette révélation collait à mon roman personnel ? Combien elle était à même de confirmer ce que j'avais toujours suspecté ? Je ne lui avais jamais dit que, quand j'avais 6 ans, mes parents avaient fait appel à un « spécialiste » pour évaluer mes diverses « déficiences ». Après m'avoir posé quelques questions incompréhensibles, un monsieur sérieux et extrêmement pédant avait rédigé un rapport effroyable. Je ne l'ai découvert que bien plus tard, dans les archives de ma mère, mais la première ligne m'en apprit assez : *petit budget nerveux*. Cette formule réductrice censée me définir indiquait assez clairement que je n'avais pas grand-chose dans le crâne – un minuscule bagage intellectuel à exploiter. Après quoi, j'ai redoublé ma sixième puis me suis fait exclure de plusieurs écoles, sans jamais trouver ma place dans un système éducatif pour lequel les gens comme moi étaient des causes perdues. Pour en revenir à mon gentil docteur, qui était tout le contraire du psychologue tranchant de mon enfance, il ne pouvait se douter que mes diplômes universitaires me semblaient toujours, à moi, un écran de fumée, et que l'incident du demi-cerveau, loin de me donner matière à rire, m'avait en réalité offert un répit.

À son tour, cette mésaventure m'évoqua une anecdote à propos d'Alice James. Grandir au côté de deux frères brillants – William et Henry – n'était déjà pas de tout repos, mais être considérée comme l'hypocondriaque de la famille, dont l'imagination excessive était la risée de tous, lui était carrément insupportable. Aussi, lorsqu'on lui diagnostiqua un cancer, ses plaintes continuelles, que personne ne prenait au sérieux, se trouvèrent-elles soudain légitimées. Le verdict de son médecin permit à son corps et son esprit de s'accorder. De même, mon pseudo-diagnostic promettait de libérer une part de moi. Je m'étais sentie au mieux médiocre durant toute ma scolarité : primaire, collège, lycée. Dans la France où j'ai grandi, les professeurs appelaient encore les mauvais élèves des « cancres ». Combien de fois ai-je porté le fameux *bonnet d'âne*, exhibant dans toute l'école mes infamantes oreilles ? On ne se remet jamais complètement de ce genre de blessure narcissique. L'attribut du cancre était sans doute encore dans un coin de ma tête lors de l'épisode des radios.

Par ailleurs, lorsque je racontais à des amis l'incident du demi-cerveau et leur parlais de mon projet de livre, beaucoup me charriaient gentiment : n'était-ce pas un brin hypocrite de disserter sur le *pas si mal* du haut de ma tour d'ivoire, moi qui sans conteste avais déjà un beau parcours à mon actif ? Leur critique était parfaitement juste, mais… toute histoire a ses revers.

Cette aventure, dont je plaisante ici, a aussi son côté sombre. Pourquoi avais-je tant besoin d'une autorisation à *ne pas* exceller ? Avais-je donc tant peur de ne pas être au niveau, pour m'accrocher ainsi à cette histoire de demi-cerveau ? Était-ce la puritaine en moi qui se sentait contrainte de répondre à une exigence d'excellence ? Et si, au lieu d'une faille, ce même médecin avait repéré une étincelle magique dans mon cerveau, signe indubitable du génie, qui moyennant un petit coup de collier m'eût assuré d'accéder bientôt à la notoriété ? Une telle révélation aurait-elle balayé ma douteuse affection pour le *pas si mal* ? Mon attirance pour les personnages mineurs, les intrigues secondaires, et inversement mon aversion pour les egos démesurés, les arrogants ont-elles été une façade, un prétexte pour éviter d'entrer dans l'arène, pour me mettre moi-même sur la touche ? Si l'on m'avait offert gloire et fortune, reconnaissance et célébrité, aurais-je soudain écrasé l'idéal d'une vie assez bonne comme une vulgaire mouche ? Il ne m'avait pas échappé que, lorsque j'enseignais *Candide*, le fameux appel de Voltaire à « cultiver notre jardin » sans plus chercher à décrocher la lune parlait davantage aux étudiants cabossés qu'aux plus assurés d'entre eux. Il n'y a rien de tel que l'humiliation pour vous attacher à une existence modeste. Ceux qui sont abonnés au succès, tout à leur ambition d'aller conquérir le monde, ne s'intéressent guère au plaidoyer voltairien en faveur de l'humilité.

Chapitre premier

Qui a peur de l'assez bien ?

J'avais déjà bien avancé dans la rédaction de ce livre lorsque je m'avisai que je n'étais pas la première à m'intéresser à cette notion d'*assez bien*. Un certain nombre d'essais sortaient régulièrement sur le sujet, qui s'en prenaient en général au capitalisme et à son culte délétère de la démesure, pratiqué au détriment de la modération. Les débats portaient aussi sur ce qu'on appelle les « mères-tigres », qui « entraînaient » leurs enfants pour en faire de petits prodiges plutôt que simplement des gens bien. D'aucuns défendaient ces mères surstimulatrices, arguant qu'elles voulaient juste le meilleur pour leurs enfants ; évidemment : elles voulaient extraire leur progéniture de l'ombre dont, à leur grand dam, elles-mêmes n'étaient jamais sorties ! D'autres invoquaient la notion de « mère suffisamment bonne », forgée par le pédiatre Donald Winnicott : si un parent parfait n'est pas sans danger, il en va de même de l'idée de perfection en soi. Winnicott incitait les parents à abandonner le fantasme de la mère parfaite, à accepter l'idée qu'une mère « ordinaire normalement dévouée » est préférable à son double irréprochable[1].

Je fus particulièrement frappée par la recension d'un livre, qui accusait l'auteur, partisan du *pas si mal*, d'hypocrisie éhontée. Comment cette personne, occupée à écrire des livres et étoffer son CV, pouvait-elle dans le même temps prétendre rejeter tout esprit de compétition[2] ? Une autre sceptique disait trouver « un peu suspect que ces conseils soient délivrés par des gens… eux-mêmes affairés à leur propre réussite ». Elle attaquait un avocat de l'*assez bien* qui, ayant déjà de jolis succès à son actif, avait beau jeu de dénigrer les ambitions de ses homologues. Je me sentis directement visée. Me reprocherait-on la même chose ? Et puis, qu'est-ce qui me donnait le droit de décider quelle vie était suffisamment bonne ? La personne à qui j'attribuerai cette étiquette ne la recevrait-elle pas comme une marque de condescendance de ma part ? Une amie me rassura : « Ton analyse intervient a posteriori. Tu observes ce qu'il se passe une fois que cette heureuse médiocrité a été atteinte. »

J'étais tout de même toujours assaillie de doutes. Et si c'était *vous*, mes lecteurs, qui étiez sur le point de toucher le gros lot, d'atteindre gloire et reconnaissance ? Et que là, quelque charitable donneuse de leçons (moi) vienne gentiment vous dire de changer votre fusil d'épaule et de retourner à votre « vie assez bonne ». Ne lui en voudriez-vous pas ? Cette personne (toujours moi) vous assure que c'est un conseil d'ami. Elle veut *vraiment* votre bien. La gloire est si éphémère ; si vous êtes attiré par le pouvoir, c'en est fini de votre tranquillité d'esprit, prédit cette Cassandre d'un air entendu. Et d'évoquer ces gens qui ont gâché leur vie après avoir gagné au loto. Ils deviennent soupçonneux, cupides même ; leurs amis les abandonnent ; leur famille convoite leurs millions. Tous ces conseils semblent raisonnables, alors pourquoi la détractrice évoquée plus haut les balaye-t-il d'un revers de main, n'y voyant qu'un esprit de compétition larvé ? Avant de conclure sa critique par ce vœu solennel : « Je ne connaîtrai de repos que lorsque j'aurai épuisé ma vie à courir après la gloire [...] Tous nous nous échinons, nous nous battons les flancs jusqu'au sang, et c'est cela qui est amusant. »

Tous nous nous échinons et nous battons les flancs ! Se peut-il que la quête de modération soit elle-même une façon voilée de s'échiner ? Et la personne qui vous incite à rabattre vos ambitions n'espère-t-elle pas ainsi vous voir rester bloqué à son niveau ? Mais alors, pourquoi certains des plus grands penseurs seraient-ils convaincus que l'*assez bien* est la voie à suivre ? Pourquoi Aristote et Marc Aurèle en auraient-ils fait l'un de leurs grands principes – *éviter les extrêmes, cultiver le juste milieu* ? Tout de même, suis-je vraiment si sûre que les pages que vous allez lire sont écrites de bonne foi ? Mon espoir, en effet, est de vous amener à considérer, au fil de mes pérégrinations, que la vie assez bonne n'est pas tant affaire d'ambitions déchues ou de compromis rebutants qu'une volonté de regarder les autres différemment, de prêter davantage attention à ce que cachent les réussites fracassantes.

Écrire sur l'assez bien : un exercice périlleux

Choix ou nécessité, l'*assez bien* sera toujours un dilemme. Quiconque écrit ou lit à son sujet est inévitablement tiraillé quant à ses implications. Faut-il suivre ses ambitions ou s'en écarter ? Pas évident… Pas plus que la décision de « se poser », de préférer le *déjà pas si mal* à la course incessante pour gravir des échelons, professionnellement ou dans sa vie personnelle. Ce qui n'est pas sans soulever une nouvelle question. Et si vous êtes enfermé dans ce que vous faites, sans aucune possibilité de changement ? C'est ce que signale un autre sceptique, en analysant la notion d'*assez bien* comme l'expression même du privilège. Très peu d'entre nous, écrit-il, ont l'occasion de choisir le juste milieu. C'est l'apanage de qui a déjà atteint un certain niveau de réussite, ou au moins une certaine conscience de sa valeur, de décider sciemment de ne pas poursuivre cette ascension. En conséquence de quoi, notre sceptique éreinte la notion, où il ne voit qu'un luxe

> réservé à une minorité, majoritairement blanche, masculine et hétérosexuelle. En effet, parmi les privilèges les plus méconnus de la blanchité, il y a assurément le droit qu'elle donne à certains d'échouer sans crainte. [...] Aux États-Unis, la médiocrité est une forme de pouvoir et d'exclusion [...] camouflée [...] sous les atours de la méritocratie. [...] Des Noirs, des Hispaniques ou des Asio-Américains médiocres confirment la règle de l'infériorité raciale pour toute leur communauté ; des Blancs médiocres n'impliquent qu'eux-mêmes [3].

Il va sans dire que, si vous êtes privé de liberté matérielle et intellectuelle, physique et spirituelle, vous n'aurez pas le loisir de méditer tranquillement pour vous positionner pour ou contre la vie suffisamment bonne. Qui n'a d'autre choix que de travailler jusqu'à épuisement ne réfléchira certes pas sur « le droit d'échouer sans crainte ». Pour ce travailleur, échouer est de fait synonyme de perdre.

D'un autre côté, si viser le *pas si mal* est effectivement un luxe, la cerise sur le gâteau, écarter la question comme une simple aberration élitiste serait une grave erreur. Les privilégiés ne sont pas les seuls êtres libres de réfléchir et de légiférer sur leur existence. Certains ont pris des décisions qui ont changé leur vie dans l'obscurité d'un cachot ou en faisant la plonge. Quel que soit son statut social, chacun habite un écosystème extrêmement personnel. Qui n'est pas un tant soit peu sensible à la bonne ou mauvaise fortune des gens de son entourage ? Le *pas si mal*, comme je le montrerai, n'est pas un état stationnaire. Il peut passer de la scène aux coulisses, être alternativement désiré et vilipendé, loué et rejeté.

Depuis que je regarde la vie et la littérature à travers ce prisme, les gens de mon entourage ont un contour plus flou, ils n'épousent plus aussi parfaitement leur uniforme public. Réfléchir à cette notion d'*assez bien* a eu pour effet, comme un palimpseste, d'ajouter de la complexité à ma compréhension du monde ; de me stopper dans ma course lorsque je m'apprête à juger quelqu'un un peu trop vite, le taxant de ceci ou de cela. À présent, des mots comme « succès » ou « échec », « inintéressant » ou « ennuyeux » me hérissent. Je ne dis pas que je ne les emploie ou n'y songe jamais, mais je m'efforce de débrancher cette partie de mon cerveau et de pratiquer un mode de pensée affranchi de ces catégories. Après tout, le monde entier n'est-il pas peuplé de gens qui me sont aussi hermétiques que je le suis pour eux ? En général, ce sont précisément les gens qui ne font pas étalage de leurs atouts, et seraient probablement restés dans l'ombre si je n'avais pas suspendu mon réflexe de juger. Tout cela me rappelle la « onzième heure » évoquée par Emily Dickinson, celle qui déjoue les premières impressions :

> Pourquoi n'y aurait-il pas une « onzième heure » dans la vie de l'esprit comme il y en a une dans celle de l'âme – des pécheurs grisonnants sont sauvés – d'humbles filles peuvent être *sages*, qui sait[4] ?

Qui est sage ou non ? Digne de pardon ou de rancœur ? Qui n'est *pas assez bien* ? Pour ma part, je sais que j'ai négligé bien des gens et des objets dignes d'intérêt. C'est pourquoi ma conception du *pas si mal* s'apparente tant à ce changement d'état d'esprit qui intervient à la onzième heure. Spinoza, Eliot, Woolf, Levinas et Ferrante, entre autres, m'ont aidée à mieux prendre la mesure de la distance qui sépare parfois les premières impressions de ce qui est moins immédiatement visible. Les vies suffisamment bonnes qui m'ont le plus appris n'ont pas été vécues comme des performances, ce pourquoi précisément elles étaient moins notables. Aussi ont-elles sollicité une dimension contre-intuitive de mon cerveau, attirant mon attention sur des états suspendus, des oscillations entre acceptation et résistance.

Quand je me morfonds, que je ressasse mes propres désenchantements, j'ai tendance à ne pas voir l'extraordinaire faculté morale des autres, me focalisant plutôt sur leurs défauts et leurs travers, manquant cruellement d'imagination pour me représenter leur vie intérieure. Durant ces accès de mélancolie, j'oublie d'appliquer aux autres mes petits discours d'autojustification. Un même jugement pour tous, pas de sur-mesure : voilà tout ce à quoi ils ont droit alors. Contrairement aux figures qui traversent ces pages. Qui, elles, ont le rare talent de suspendre leur jugement, d'observer la vie *au moment où* elle se déroule, attentives au processus plutôt qu'au résultat. C'est sur elles que je compte pour dévoiler la beauté du *pas si mal.*

Les deux facettes de la médiocrité : assez bien ou pas assez bien ?

Peu importe qui l'on est ou ce qu'on a accompli, il est rare d'échapper au sentiment qu'on aurait pu mieux réussir sa vie. Évidemment, il y a eu des moments grisants d'accomplissement, où l'on s'est sentie reine du monde. Mais ils sont généralement de courte durée, cédant bientôt la place à des doutes obsédants quant à notre place, notre héritage, notre influence. Si accablantes que soient les nouvelles du matin – tremblements de terre, guerres, meurtres – au final la pire catastrophe est toujours la hantise de notre propre insignifiance. Demandez à vos amis, brisés par une soudaine crise de la quarantaine, ce qui les a poussés à rompre une relation de couple qui ne fonctionnait pas si mal pour se jeter dans l'incertitude et le chaos, préférant au fond la galère à la lassitude et au doute de soi. La quête d'une vie meilleure ou d'autres formes de reconnaissance en a conduit plus d'un à rejeter une routine ennuyeuse pour découvrir bientôt qu'il n'est pas si facile d'échapper au *pas assez bien*. Mais vient toujours un moment où même ces agités, prêts à tout pour se soustraire au quotidien, s'arrêtent pour considérer ce que les Anciens appelaient l'*aurea mediocritas,* ce précieux (littéralement doré, *aureus*) juste milieu, qui se garde de tout excès, soulignant au contraire la vanité de tout ce qui s'écarte d'un esprit de proportion et de mesure.

De fait, il fut un temps où la *bonne médiocrité* était un compliment, par exemple chez Aristote, Horace, Martial et consorts. Investir le juste milieu n'était en aucun cas une excuse pour justifier de piètres réalisations ou une absence d'évolution. La médiocrité pouvait réellement être « dorée ». L'*aurea mediocritas* était le fait des gens assez prudents pour se tenir à l'écart des extrêmes, notamment lorsque le succès et l'amour-propre risquaient de compromettre l'équilibre de leur vie. Jorge Luis Borges n'en est pas loin lorsqu'il dénonce d'un trait d'esprit « la plus grossière des tentations de l'art, celle de jouer au génie [5] ». Les rêves de grandeur « hubristiques » sont toujours éphémères, quand bien même ils nous protègent momentanément de la crainte de passer inaperçus, de rester dans l'ombre. Dès lors, comment réconcilier les plaisirs fugaces du succès avec les bénéfices vraisemblables mais contre-intuitifs de l'obscurité ? Pourquoi, si ce n'est pour cela, tant de philosophes – d'Aristote à Spinoza – et d'écrivains – de George Eliot à Emmanuel Bove – ont-ils été de fervents défenseurs des natures discrètes, des personnages propres à déstigmatiser la médiocrité, en la transformant en *assez bien* ? Virginia Woolf nous invite ainsi à examiner un moment « un esprit ordinaire, au cours d'un jour ordinaire ». Elle dépeint cet ordinaire comme « des myriades d'impressions, banales, fantastiques, évanescentes ou gravées avec l'acuité de l'acier »[6]. Pour Woolf, en vérité, rien n'est ordinaire, tout est un moment de vie ; même si, vues de l'extérieur, la plupart des existences semblent essentiellement occupées par des moments de non-vie[7]. Je suis enfin sortie de ma période pessimiste – où je m'attachais systématiquement aux héros et aux héroïnes les plus tragiques – découragée et intimidée par l'éclat inquiétant des autres. Aujourd'hui, je suis plutôt attirée par les célébrito-sceptiques, ceux qui embrassent gaiement les complications du juste milieu. L'*aurea mediocritas* n'est pas toujours évidente à repérer ; elle ne brille qu'aux yeux du spectateur décidé à démêler le public et le privé, le discret et l'éclatant.

Rechercher la « médiocrité dorée » ne veut pas dire se contenter d'un confortable statu quo. Certains jours, je me range du côté de Dédale quand il recommande à son fils de ne voler ni trop haut ni trop bas ; mais d'autres fois, je comprends l'irrépressible tentation d'Icare de se rapprocher du soleil ou de flirter avec les vagues. Une mer déchaînée est certes infiniment plus hypnotique et inspirante que la terre ferme, mais il est tout à fait trompeur de se représenter la vie comme un choix entre deux tels extrêmes. Il serait simpliste d'opposer frontalement ambition et renoncement. Les deux notions appartiennent à un continuum, dont les extrémités tendent à occulter le milieu. Loin de moi l'idée de vous faire la morale en prêchant pour le juste milieu, néanmoins je ne peux m'empêcher de vouloir rattraper le temps perdu et mettre en avant ce centre trop peu visible. Pourrait-on regarder *différemment* ces personnages, réels ou fictifs, qui peuplent les coulisses ? La façon dont, tout en évitant le devant de la scène, ils jouent cependant un rôle décisif ? Vu sous cet angle, l'on verra peu à peu comment ces personnes apparemment neutres agissent comme un révélateur chimique, rendant visible ce qui n'était que latent, et nous aidant ainsi à dénouer l'écheveau byzantin de ce qui constitue une vie bien vécue.

Qu'est-ce qui cloche avec le juste milieu ?

Du latin *medius* (milieu) et *ocris* (montagne), médiocrité signifie étymologiquement être coincé dans un coin paumé au beau milieu d'une montagne escarpée. Imaginez-vous piégé dans ce genre de trou minable : vous vous sentez invisible, privé de toute distinction. Telle la domestique évoquée dans les « Masques mexicains » d'Octavio Paz : « Je me souviens qu'un soir, alors que j'entendais un léger bruit dans la chambre voisine de la mienne, je demandai à haute voix : "Qui est là ?" Et la voix d'une bonne, récemment arrivée de sa campagne, me répondit : "Personne, Monsieur, c'est moi."[8] » Le monde est plein de ce genre de figures « disparues » mais aussi de celles qui ont le pouvoir de « faire disparaître » les autres. Qui ne s'est jamais senti invisible ? C'est une des raisons pour lesquelles j'éprouve une telle reconnaissance envers les poètes, les romanciers ou les dramaturges qui ont célébré une autre sorte de présence, en mode mineur.

Notre époque n'a guère de temps pour le juste milieu. Quasiment plus personne ne fait cas de l'*eudaimonia* aristotélicienne, ce précieux moyen terme qui tolère, voire honore nos inévitables limites[9]. Aristote et Horace, entre autres, nous encourageaient[10] jadis à célébrer le moyen terme entre deux formes extrêmes de plaisir ou de douleur. Cela marchait pour eux, alors pourquoi avons-nous dérivé si loin de cette voie médiane ? Ce qu'Aristote voyait comme une distance prudente prémunissant contre les jugements trop hâtifs, nous le qualifierions sans doute de manque d'audace ou de lâche indifférence – précisément le caractère désengagé implacablement décrit dans la *Divine comédie* de Dante comme « l'allure pitoyable des âmes tristes de ceux qui ont vécu sans blâme et sans louange » (*sanza 'nfamia e sanza lodo*). Être mêlé au chœur abject des « anges lâches » n'est certainement pas le souvenir qu'on rêve de laisser. Mais la position de Dante n'aurait-elle pas occulté une forme de réussite plus subtile ? Entre vivre dans l'infamie ou couvert de louanges, n'y a-t-il pas une multitude de voies possibles ? Et dès lors, frayer avec des anges sans gloire mérite peut-être d'être reconsidéré [11].

On comprend aisément pourquoi la *sophrosynè* aristotélicienne est boudée, car pas assez extrême [12]. Sophrosynè, cet esprit de modération et de tempérance, s'est échappée de la boîte de Pandore pour s'en retourner au mont Olympe en abandonnant les hommes. Vous vous imaginez prêcher cette sobriété, cette retenue à des jeunes de 20 ans tout feu tout flamme ? En tout cas pour moi qui, à cet âge-là, m'enivrais de sombres romans russes au dénouement tragique, tout ce qui grouillait dans la boîte de Pandore était bien plus fascinant. Je me demande encore, bien des années plus tard, quelle jeune personne peut bien vouloir se contenter de la vie bonne selon Aristote. *Rien de trop*, la maxime inscrite au fronton du temple de Delphes, n'était pas ma tasse de thé. En outre, cette perfection bridée allait à l'encontre de tous les cours géniaux que je suivais alors à l'université. Le Raskolnikov torturé de Dostoïevski était tellement plus attirant que l'Esther Summerson de Dickens, la vertueuse héroïne de *La Maison d'Âpre-Vent*, ou encore que l'Ismène de Sophocle [13]. À cette aune, le juste milieu paraissait un prétexte pour ne pas trop se fatiguer. Pourquoi devrais-je être attirée par quelque chose de moyen, alors que c'est l'excès (pensais-je alors) qui donne son âme à la grande littérature et leur puissance tragique aux relations humaines ?

Chapitre 2

La malédiction Schopenhauer : mes années « pas assez bien »

Pour revenir sur l'évolution de ma conception de l'*assez bien* au fil des ans, quand j'étais plus jeune son principe même me dégoûtait. Je l'assimilais à une faiblesse et un manque de courage ; je trouvais ses adeptes lâches. En fait, pour les raisons évoquées plus haut, j'avais si peu d'affinités pour le juste milieu d'Aristote que j'échouais lamentablement à le comprendre, a fortiori à l'enseigner. Parler de Platon ou de saint Augustin était plus facile. Mes étudiants avaient alors quelque chose contre quoi se rebeller. Ils pouvaient s'insurger contre les règles ascétiques du philosophe et du théologien, leur opposer le penseur dont ils se sentaient le plus proches : l'impertinent et iconoclaste Nietzsche. C'était on ne peut plus compréhensible que de jeunes étudiants n'aient nulle envie de se « contenter » de la vie bonne. D'un point de vue existentiel ou pédagogique, la rébellion est bien plus palpitante. Essayez donc d'enseigner la modération et les différentes formes d'acceptation aux jeunes qui vous entourent, et vous les verrez bien vite regarder dans le vague. Si Icare refusait de suivre le conseil de son père – ne voler ni trop haut ni trop bas –, je n'y étais pas prête moi non plus. Ce n'est pas par hasard que Milan Kundera a intitulé l'un de ses romans *La vie est ailleurs*, et qu'Arthur Schopenhauer a fondé toute sa philosophie sur le fait que nos vies tournent en rond, de désir en brève satisfaction et de brève satisfaction en ennui. Pour la plupart des gens, rester dans les coulisses, incarner un personnage secondaire n'est pas un sort enviable. Pour ma part, si à l'époque je voulais me différencier des autres, si je ressentais aussi vivement les offenses et les affronts, ce n'était pas forcément parce que je voulais faire la course en tête, mais surtout parce que je trouvais l'immobilisme insupportable. Mon compagnon de voyage, mon maître en dépression était alors Arthur Schopenhauer.

L'ennui et l'assez bien

J'ai découvert Schopenhauer dans le cadre d'un cours de russe à l'université. Il se trouvait, en effet, que trois de mes romanciers préférés, Tourgueniev, Gontcharov et Tolstoï, comptaient parmi ses plus avides lecteurs. Le professeur, un émigré russe irrésistible, sans doute la personne la plus âgée que je connaissais alors, prenait plaisir à nous démystifier, en agitant frénétiquement sa canne en l'air.

Il se moquait de mon idéalisme (passant à côté de l'ironie de Gogol, j'écrasai une larme à la fin du *Manteau* – impardonnable !) et, loin de nous inciter à la prudence, il s'assurait au contraire que nous comprenions bien l'évangile selon Schopenhauer. La vie n'était rien d'autre qu'oscillation entre désir et ennui. Sans doute se souvenait-il vaguement qu'une jeune de 19 ans brûle bien souvent de désirs non réciproques, car il nous recommanda Schopenhauer comme un bon point de départ pour nous sevrer de nos grandes idées du bonheur – lequel, « dévastateur », n'est qu'un présage funeste de désespoir existentiel. Poursuivez vos désirs, nous engageait-il tout sourire, mais n'escomptez jamais être comblé pour avoir obtenu ce que vous convoitiez. À l'époque, paradoxalement, un tel discours me rassura. L'intérêt d'étudier, après tout, n'était-il pas de comprendre en quoi ma vie était une partition rodée : espoirs déçus et mélancolie affectée. Aussi, comme la Sonia de *Crime et Châtiment* (quel terrible modèle pour une jeune femme !), étais-je résignée, bien consciente (que c'est tragique !) que l'abnégation et le martyre étaient sans doute ce qu'il y avait de mieux pour moi.

Pour Schopenhauer, toute satisfaction prolongée et par extension toute vie assez bonne et tranquille, est intenable. Nous nous berçons d'illusions, ironisait-il, si nous croyons que l'*aurea mediocritas* est à même de nous rendre heureux. Pourquoi ? Parce qu'une satisfaction durable, cela n'existe pas.

Toute gratification est temporaire : invariablement précédée par le manque, elle est suivie par l'ennui et pour finir débouche sur un cycle sans fin de désirs vains. Vivre, c'est être mû par des désirs inexorablement décevants :

> Toute satisfaction, ou ce qu'on appelle ordinairement bonheur, ne sont, en vérité et par essence, toujours que *négatifs*, et absolument jamais positifs. [...] la satisfaction fait cesser le souhait, et donc aussi la jouissance. C'est pourquoi la satisfaction ou la réalisation du bonheur ne peuvent être plus que le soulagement d'une douleur, d'un besoin [...] [1].

Le Monde comme volonté et représentation de Schopenhauer, ma bible pessimiste, acheva de me convaincre qu'une vie de modération serait ennuyeuse ; que la jouissance était surestimée ; et que c'était la quête elle-même, et non le résultat, qui nous faisait nous sentir vivants.

On ne connaît la satisfaction et le plaisir qu'indirectement, en nous remémorant la souffrance et la privation passées auxquelles ils ont mis un terme. De la sorte, nous n'avons pas vraiment conscience des bienfaits et des avantages dont nous jouissons ; loin de leur reconnaître réellement une valeur, nous ne faisons que l'imaginer, car ils ne nous rendent heureux que négativement, en écartant de nous la souffrance. Ce n'est qu'en les perdant qu'on en comprend le prix [2].

Quiconque a frôlé la mort sait ce que veut dire Schopenhauer. Ce soulagement sans pareil, cette euphorie qu'on ressent une fois tiré d'affaire retombe, hélas, progressivement au fil des semaines, voire des jours. Et l'apparente stabilité émotionnelle évolue en une forme ou une autre de dépression. *Oblomov*, le roman de Gontcharov, l'un des premiers récits à faire de l'ennui persistant son sujet principal, est la parfaite illustration du triste scénario de Schopenhauer : Stolz et Olga, jadis heureux en ménage, font le point sur leur couple. Stolz a remarqué la morosité de sa femme :

> — Tu ne te sens pas bien ? demanda-t-il encore.
> — Si. Pourquoi tu me demandes cela ?
> — Alors, tu t'ennuies !
> [...]
> — Non, non ! nia-t-elle d'une voix faussement nonchalante, où cependant semblait percer l'ennui.
> [...]
> — Malheureuse ! répéta-t-elle avec reproche, le faisant s'arrêter au milieu de l'allée. Oui, malheureuse... par excès de bonheur[3] !

Le mariage *assez bien* d'Olga ne lui apporte plus que de la mélancolie. Pour toute réponse (plutôt surprenante), son mari paraphrase Schopenhauer :

> On doit non seulement supporter, mais aimer cette tristesse, respecter les doutes et les questions :

> ils sont le trop-plein, le luxe de la vie, ils apparaissent sur les sommets du bonheur, en l'absence de désirs vulgaires [...]. Il n'y a pas de place pour eux quand on vit dans le chagrin et le besoin [...] [4].

Rien de tout cela n'était certes très thérapeutique pour une étudiante. Mais à l'époque, j'aurais (pour le coup) bien ri si l'on m'avait dit que la fac était censée faire office de thérapie. Le mot d'ordre du personnage de Gontcharov, « il faut aimer cette tristesse », me donna le feu vert pour m'abandonner à des fantasmes masochistes dignes d'une fanatique de littérature russe. Stolz et Olga devinrent pour moi de curieuses figures de référence, qui venaient justifier cet étrange *ennui* alimenté sans relâche par les romans russes. En quoi consistait, au juste, le conseil de Stolz à sa femme ? Ce qui le rendait attirant, je m'en rends compte aujourd'hui, était sans doute le mélange de résignation et de sursaut. La résignation, notamment, avait cet accent héroïque du martyre, qui s'accordait parfaitement avec ma décision de me vouer à mes études comme d'autres prennent le voile. Toutes les routes menaient à Schopenhauer. Il s'était infiltré dans le moindre recoin de mon cursus, y compris le cours que je suivais sur Nietzsche, lequel saluait en lui le maître de la résignation :

> Il nous enseigne à distinguer entre les façons réelles ou apparentes de travailler au bonheur humain,

> et comment ni la richesse, ni les honneurs ni le savoir ne peuvent arracher l'individu à la lassitude profonde qu'il éprouve devant l'absence de valeur de son existence [...]. C'est assurément un effort qui mène en profondeur et intimement à la résignation [...][5].

L'hommage de Nietzsche ne fit que conforter mon scepticisme envers les signes de succès les plus ostentatoires. Que ces deux grands philosophes se soient élevés contre des ambitions aussi futiles que « devenir riche » ou « respectable » pour les mauvaises raisons, m'était une grande consolation. Malheureusement, j'ai abandonné le cours sur Nietzsche avant de découvrir qu'il allait pour finir malmener mon champion de la négativité. Aurais-je réfléchi à deux fois au culte de la souffrance si j'avais lu sa critique ? Nietzsche finit en effet par dénigrer le pessimisme de Schopenhauer, sa

> tentative méchamment géniale [...] de faire entrer en campagne, en faveur d'une dépréciation complète et nihiliste de la vie, les instances contraires : la grande affirmation de soi, de la « volonté de la vie », les formes exubérantes de la vie. Il a interprété l'un après l'autre l'*art*, l'héroïsme, le génie, la beauté, la grande compassion, la connaissance, la volonté du vrai, la tragédie, comme conséquence de la « négation » ou du besoin de négation de la « volonté »[6].

C'était vraiment dommage, mais quand j'ai pris connaissance de ce passage, il était déjà (presque) trop tard. L'exubérance n'était certainement pas ce que je retirais de mes études, et un peu de légèreté m'aurait sans doute rendue meilleure lectrice. La remarque de Nietzsche selon laquelle tout ce que touchait Schopenhauer menait à la « dépréciation », à la transformation certaine de la beauté en désespoir existentiel : c'était là le diagnostic exact de mon penchant dépressif.

Mais, pour en revenir à l'*assez bien*, l'acceptation ainsi comprise n'avait rien à voir avec le juste milieu aristotélicien. C'était une forme de résignation *extrême*, excessivement éloignée de la vie bonne. Comme je l'ai appris plus tard, il est bien plus difficile de trouver la mesure que d'embrasser les extrêmes, en matière de plaisir comme de douleur. Même la dépression, en un sens, m'encourageait dans mes choix. Pendant que mes camarades de classe faisaient la fête, je flattais mon chagrin en me persuadant que leur choix était banal tandis que le mien était noble. Et lorsqu'un de mes condisciples de russe, l'un des rares qui aimait s'amuser, me dit que j'étais en train de me noyer dans le marécage de l'âme, je ne fis qu'en rire. J'aimais bien l'expression.

Il est difficile de critiquer l'étrange frisson que procure la maladie d'amour ou encore l'ivresse d'un isolement strict. La charge électrique, le concentré de souffrance qui me traversaient dans ma lecture frénétique de Dostoïevski étaient impossibles à retrouver dans la « vie réelle ». À cette époque, je devais sans doute lire aussi mal que je vivais. Par exemple, je détestais la fin heureuse de certains grands romans du XIXe siècle : la Natacha de *Guerre et Paix* ou la Dorothea de *Middlemarch* devaient-elles vraiment devenir ces épouses rangées et convenables ? Et ce sort était-il vraiment *assez bien* – artistiquement comme humainement ?

Le sage retour de la passion à la raison, de la fiction à la vie quotidienne, devait être à mes yeux une telle dégringolade ! Pas plus que les romans que j'affectionnais, la vie de l'esprit n'était une distraction. C'était une expérience quasi religieuse. Pour rendre ma vie plus intense, je lisais aussi beaucoup de littérature monastique, me sentant étrangement liée à ces moines et moniales ascétiques, profondément émue par leur évocation de la transcendance et du sacrifice. C'était là un nouveau signe que le *pas assez bien* était à l'œuvre en moi ; que je cherchais non seulement une impossible alternative à la réalité, mais quelque chose qui me sépare délibérément des autres. En somme, tout ce qui ne touchait pas aux maladies de l'âme, il me fallait le rejeter comme superficiel et sans intérêt. Cette intolérance radicale s'expliquait largement par une équation erronée entre valeur et souffrance. Plus je m'identifiais avec la pseudo-âme russe, avec des textes philosophiques pessimistes (Pascal et Kierkegaard comptaient aussi parmi mes auteurs de prédilection), plus je me coupais volontairement de l'observation – en particulier de l'observation des autres.

Dans mon univers, il y avait clairement deux types d'activités : les activités nobles et celles que j'estimais indignes d'intérêt. Les livres, la philosophie en particulier, me protégeaient d'une sphère extérieure que j'avais tendance à juger ni assez exigeante ni assez profonde. L'abstraction était pour moi synonyme de valeur. Cela ne me serait pas venu à l'esprit de regarder autour de moi, d'observer les détails du quotidien, d'examiner ce que les gens faisaient, comment ils utilisaient leurs mains, pourquoi ils s'adonnaient à des expériences qui n'avaient rien à voir avec les livres. Je ne voyais plus ce qui était sous mes yeux.

Après ma licence, je suis devenue chargée de cours à l'université, où j'assurais avec zèle un cours sur saint Augustin dans un cursus de lettres classiques. Je me souviens très nettement d'une étudiante, très remontée contre l'idée que nous autres, humains, nous considérions comme des êtres d'exception. Combien elle était différente de moi au même âge ! Elle se méfiait de l'abstraction, était gênée par la croyance augustinienne selon laquelle *parce qu'*elle était supposée faite à l'image de Dieu, elle devait se sentir élue et supérieure aux autres formes de vie. Cette étudiante s'inscrivait en faux contre le modèle augustinien. Or, ce qui l'effrayait était que, bien que non-croyante, elle sentait tout de même que sa faculté de penser et de raisonner lui conférait une forme de supériorité, l'apparentant à quelque divinité. Mais, comme elle admettait aussi l'affirmation nietzschéenne de la mort de Dieu, elle était coincée non avec le divin, mais avec le trop-humain. Que sa seule subjectivité puisse produire cette prétendue « grandeur » la mettait extrêmement mal à l'aise. Pourquoi, se demandait-elle, placer une telle confiance et une telle fierté dans son esprit, l'adorant comme quelque chose d'infiniment supérieur au monde matériel ? N'était-ce pas se prendre pour un dieu ? Qu'avait donc de si exceptionnel sa faculté de raisonner par elle-même ? J'admirais vraiment le questionnement inquiet de cette étudiante. Elle était troublée par le sentiment de supériorité intrinsèque que le travail de l'intellect était censé procurer. La vie de l'esprit risquait d'éclipser notre amour des petites choses, du monde naturel. Elle s'indignait d'apprendre que saint Augustin fuyait les lézards et les lièvres parce qu'ils le détournaient de Dieu. Elle voyait de l'arrogance dans ma certitude qu'on puisse donner sa vie pour l'art, la littérature, la philosophie. Nous avions sur le sujet des débats enflammés. Je défendais la pensée abstraite, l'art pour l'art ; elle, non sans esprit, disait qu'ils étaient à la fois mes béguins et mes béquilles. J'aimerais pouvoir lui reparler aujourd'hui, savoir ce qu'elle a fait de son bon sens peu ordinaire.

J'ai cru récemment mieux comprendre l'intranquillité de cette étudiante en tombant sur une illustration du baron de Münchhausen qui, s'étant englué dans un bourbier, essayait de s'en extraire, ainsi que son cheval, en se tirant lui-même par les cheveux. La scène avait beau être hautement comique, elle me rappela l'angoisse de mon étudiante. Avait-elle voulu dire que, lorsque nous nous gargarisons de nos raisonnements solipsistes, nous sommes, au fond, aussi absurdes que le fantasque baron ? Le marais où nous sommes embourbés n'est autre que *nous-mêmes*, et si nous n'avons que notre esprit pour nous sauver de nos errances mentales, nous serons bientôt avalés par notre solipsisme. Peut-être se protégeait-elle en somme des dangers de l'abstraction. Il n'y a rien de répréhensible à être prosaïque, avançait-elle, et mon flirt avec le divin n'était pas la seule voie possible.

Chapitre 3

L'anxiété sociale et l'art de l'humiliation

J'ai du mal à m'imaginer prendre part à une assemblée quelconque sans me demander, malgré moi, qui a le mieux réussi, qui s'en tire mieux ou moins bien que moi [1] ? D'où nous viennent de tels comportements sociaux, et pourquoi ce sentiment de honte ou de fierté occupe-t-il une telle place dans notre évolution en tant qu'espèce ? Pour le sociologue Norbert Elias, ces réactions mécaniques sont inévitables. L'humiliation et l'anxiété sociale sont les signes extérieurs du processus de civilisation. En effet, explique-t-il, apprendre à accepter notre statut, plus ou moins élevé, façonne, renforce et soutient la structure du pouvoir et de la loi. Autrement dit, mon sentiment d'insuffisance n'est pas seulement une blessure personnelle : il contribue à préserver le statu quo, entretient une certaine cécité quant à ce qui excède la mémoire corporelle des rapports de force. Nous sommes tous ensemble pris dans cette lutte, souligne sombrement

Elias, dépendants les uns des autres comme un amas de molécules :

> Cette interpénétration fondamentale des plans et des actes humains peut susciter des transformations et des structures qu'aucun individu n'a projetées ou créées. L'interdépendance entre les hommes donne naissance à un ordre spécifique, ordre plus impérieux et plus contraignant que la volonté et la raison des individus qui y président. C'est l'ordre de cette interdépendance qui détermine la marche de l'évolution historique ; c'est lui aussi qui est à la base du processus de civilisation [2].

Même si, en effet, nous sommes des « pluralités », s'étonnera-t-on que l'on cherche à s'échapper de cette zone grise aussi rapidement que possible ? Mais alors, me direz-vous, viser la modération, ou pire, prendre pour modèle quelqu'un d'*assez bien* semble une dérobade absurde. C'est pourquoi, à mon sens, il est urgent de reconsidérer la fameuse *aurea mediocritas*, de la distinguer de l'échec et d'examiner de près ce qu'elle recèle réellement.

S'il est vrai que, au moins dans une certaine mesure, la plupart d'entre nous sommes en quête de reconnaissance, ce besoin dépend largement des réalisations (ou de l'absence de réalisations) de nos congénères. Mes actions n'existent pas dans le vide ; elles se mesurent à ce que je perçois comme l'énergie ou l'apathie des autres. Ma plus grande source d'insatisfaction provient de la confrontation de mes facultés et mes limites personnelles avec une idée générale de la réussite. Être médiocre, c'est vivre dans une zone floue, partager mon identité avec des centaines d'autres personnages quelconques, gratte-papier et autres imitateurs qui ont oublié de penser par eux-mêmes. Dans les couches supérieures de la société, être médiocre constitue un sérieux handicap, un crime contre la bonne conversation, voire une sorte de mort avant l'heure. Mais la peur d'être médiocre transcende toute distinction de classe, de race et de genre. Être médiocre est généralement (tragiquement, aussi) le fait des suiveurs plutôt que des meneurs ; des personnes réservées plutôt qu'exubérantes. De bien des façons, sans forcément avoir l'âme de leaders, nous refusons l'idée d'être totalement occulté. Quelles que soient nos faiblesses, nous tenons du moins à ce qu'elles soient nôtres : différentes, remarquées comme ce qui nous rend uniques.

C'est lorsque je me sens acculée par le regard expectatif des autres que je ressens le plus vivement le syndrome du *pas assez bien.* Cristallisant mon manque d'assurance, leur regard scrutateur (en fait souvent un simple coup d'œil) produit un heurt entre les attentes et les réalisations – les miennes et celles que je prête à autrui. Sans ce regard, je n'affronterais certainement pas mes déficiences avec la même sévérité. Ce regard me fixe comme un ultimatum, me rappelle que les objectifs que je me suis fixés, quels qu'ils soient (carrière, réalisations), ne sauraient être éternellement reportés. Quelqu'un finira par remarquer mon imposture. Même si ce genre de confrontation se joue essentiellement entre moi-même et des autres imaginaires, il n'en sonne pas moins comme un coup de semonce. Si séduisant que soit l'idéal aristotélicien de succès et de bonheur personnels – un état « désirable en soi-même et [...] jamais en vue d'une autre chose[3] » –, il est rare que nous définissions *in abstracto* nos critères de ce qu'est une vie bonne. Quand bien même nous sommes la cause et la conséquence de nos grandes ambitions, la vérité et la réussite à laquelle nous aspirons pour nous-mêmes sont en grande partie le reflet de la réussite des autres. Au point, précisément, que nos vies ne nous apparaissent jamais comme suffisamment bonnes.

On en trouve un parfait exemple dans *Le Naufragé* de Thomas Bernhard, qui met en scène une rencontre fictive entre deux musiciens prometteurs et Glenn Gould, alors jeune pianiste prodige. Dans l'histoire, Wertheimer et le narrateur étudient à Salzbourg sous la tutelle du grand Horowitz, mais le génie de Gould les anéantit, ruinant la confiance qu'ils pouvaient avoir en leur talent artistique. Incapables ne serait-ce que d'approcher le niveau de Gould, tous deux abandonnent le piano ; l'un va jusqu'à se suicider. Pour l'un comme pour l'autre, cette capitulation semble la seule solution. Plutôt que faire face à leur absence de génie, ils préfèrent renoncer à leur vocation, abandonnant un monde de possibilités pour s'enfermer dans le ressentiment et l'échec.

> Quant à moi, je jouais, me semble-t-il, encore mieux que Wertheimer mais jamais je n'aurais pu jouer mieux que Glenn et c'est pour cette raison [...] que j'ai cessé de jouer du jour au lendemain. J'aurais dû pouvoir jouer mieux que Glenn mais ce n'était pas possible, c'était exclu, et je renonçai donc au piano. [...] Et le fait est que je ne touchai plus à l'instrument. [...] Je ne suis absolument pas un pianiste virtuose, me dis-je. [...] Si je n'avais pas fait la connaissance de Glenn, je n'aurais probablement pas renoncé au piano et je serais devenu un pianiste virtuose, et peut-être même l'un des meilleurs pianistes virtuoses du monde [...]. Quand nous rencontrons le meilleur, nous devons renoncer, pensai-je[4].

Pour le narrateur du récit, c'est tout ou rien. S'il ne peut être le meilleur pianiste du monde, alors autant renoncer au piano – geste de loin préférable à une carrière moyenne. Le moyen terme, en effet, est ce qu'il y a de plus haïssable. L'anhédonie, c'est-à-dire l'incapacité à ressentir du plaisir, est l'un des drames les plus sourds de ces « naufragés » auto-diagnostiqués. Se retrouver du côté des perdants n'est pas seulement de nature à vous ôter toute joie de vivre : c'est une véritable sentence de mort. C'est ce que pointe Bernhard lorsqu'il nous montre son narrateur devenir soudain insensible à la beauté de Bach, tandis qu'il se laisse conquérir, progressivement et jusqu'à la folie, par la virtuosité de Gould. La rivalité et la jalousie excluent toute jouissance ; elles sont toujours agonistiques. Elles étouffent et émoussent la sensibilité au talent et à la beauté.

Dans un récit biographique sur Bernhard, son demi-frère Peter Fabjian note que si l'écrivain n'avait pas d'adversaire, s'il ne pouvait vivre par comparaison et provoquer la « réaction d'un homologue », alors « il manquait une étincelle à sa vie ». S'il ne pouvait aiguillonner autrui et être lui-même défié, stimulé, il perdait tout intérêt pour les autres, se muant en une sorte de « vampire », plus attaché à vous humilier qu'à trouver un terrain d'entente [5]. Bernhard faisait un pas vers vous puis, quand il avait eu ce qu'il voulait, s'arrangeait pour que vous vous sentiez à côté de la plaque, insupportablement médiocre. Je ne peux m'empêcher de voir dans de tels revirements – rechercher l'approbation puis la rejeter une fois obtenue – l'œuvre du lien profond qui relie penchant dépressif et peur de ne pas être à la hauteur. Lorsqu'un interlocuteur, d'abord jugé captivant, se trouve soudainement rejeté, c'est celui qui rejette et non celui qui est rejeté qu'il faut mettre en question. Bernhard ne supportait pas les conversations non conflictuelles.

Une situation sociale se devait d'être tendue, l'harmonie finissant toujours par être ennuyeuse.

Les vers suivants de Wallace Stevens, si sereins dans leur évocation d'un terrain commun, d'un espace unifiant où les esprits peuvent se retrouver, sont si éloignés des âpres échanges qu'aimait provoquer Bernhard, qu'il n'est pas inutile de les citer, pour le contraste :

> De ce même éclat, de l'esprit central,
> Nous faisons une demeure dans l'air du soir,
> Dans laquelle être ensemble, là, est suffisant[6].

L'esprit de Bernhard est un courant électrique qui fuse dans tous les sens, ne pouvant se satisfaire d'un monde statique. Ce n'est pas tant que l'autre est insignifiant, pas assez bien, mais l'univers n'est intéressant que s'il bouge et s'il change ; que si l'ami, le membre de la famille ou le visiteur d'un soir prend part à ce drame palpitant fait de ruptures et de blessures. Pour Bernhard, simplement « être là ensemble » n'est jamais assez. En somme, la communauté et l'harmonie doivent devenir toxiques pour lui être supportables. Le défi est ce qui rend les choses exaltantes, et le monde devient plat quand il tourne autour de l'être plutôt que du devenir. Quand il n'y a personne à provoquer, être simplement assis ensemble, communiant au même « esprit central », s'apparente pour lui à la mort de l'esprit[7].

J'ai eu l'occasion involontaire d'expérimenter cette communion lorsque j'ai emménagé juste au-dessus d'un pianiste concertiste. Loin de la compétitivité venimeuse à la Bernhard, j'ai eu un aperçu de son perfectionnisme tout personnel. Cet homme s'entraînait huit heures par jour quand bien même il n'avait plus guère l'occasion de se produire en public. Peut-être avait-il substitué à une gloire publique une plénitude nourrie d'exploits connus de lui seul. Le goût de jouer pour soi avait-il peu à peu remplacé celui de jouer pour autrui ? Unique témoin de ses progrès, savourant son plaisir solitaire, le pianiste s'évertuait à parfaire telle ou telle phrase musicale. Nous sommes à mille lieues de l'histoire tragique du *Naufragé*. Le cas de mon voisin illustre à merveille la notion d'*assez bien*, en ce sens que son excellence, d'un genre particulier, semble parfaitement indépendante de la versatilité du public. Chez Aristote, le bonheur tout comme la vertu (l'intraduisible concept d'*arétè*) pourraient correspondre à une telle autonomie. Loin des calculs et autres spéculations mondaines, son *arétè* était une forme d'excellence pratique, non pas l'attente angoissée de l'opinion des uns et des autres.

Paul Fleming, l'un des rares penseurs contemporains à s'être intéressé de près à l'*aurea mediocritas*, montre comment cette forme d'excellence pourrait bien compter parmi les expériences humaines les plus riches, bien qu'étant fort peu documentée. Fleming se passionne pour les trésors ignorés du quotidien, dissimulés derrière ses drames minuscules, dont il reconnaît les mérites délicieusement discrets. Les personnages qu'il évoque ont compris que, s'il existe « une différence entre le grand et le petit, l'extraordinaire et l'ordinaire [...] ce n'est pas une différence *essentielle* », c'est une « question de degré plus que de nature »[8]. Pour accorder de l'importance à quelqu'un, il faut savoir lire entre les lignes. « Les grands événements, écrit Fleming, doivent laisser une trace pour apparaître tels, tandis que les petits n'ont qu'à être ce qu'ils sont pour produire leur effet – leur action et leur essence ne font qu'un[9]. » Rien n'est moins simple que de « simplement être ». Et pourtant, exprimer le plus subtilement possible les lents mais satisfaisants progrès de quelqu'un, saisir une remarque faite en passant : ce genre de tâche est aussi riche et gratifiant que de décrypter un poème hermétique.

Une façon d'accéder à ce monde le plus souvent demeuré inaperçu est de se faire collectionneur et compilateur des petites choses, des plus infimes émotions[10]. Il en découlera potentiellement une esthétique mêlant aliénation et empathie. Se concentrer ainsi sur un univers familier, monotone, sans attrait, peut en effet d'abord sembler aliénant. La démarche génère toutefois de l'empathie, à force d'attention et de concentration. Être attentif aux petites choses nous conduit à prendre part à des vies dénuées en apparence de toute valeur épique, de tout héroïsme. Voyons comment le grand écrivain moderniste Rainer Maria Rilke aborde cette contradiction dans *Les Cahiers de Malte Laurids Brigge* (1910). Dans la vitrine d'une boutique, il remarque des personnes assises en silence. Elles sont insouciantes, elles ne font rien. Ces figures fascinent le narrateur car elles vivent affranchies de toute téléologie du désir ; leur existence ne s'encombre pas de succès ou d'échec.

> Jamais personne n'entre chez eux. Ils ne font apparemment pas d'affaires. Mais si on y jette un coup d'œil, on les voit assis, toujours assis, lisant et insouciants. Ils ne songent pas au lendemain, ne s'inquiètent d'aucune réussite. Ils ont un chien qui est assis devant eux et frétille de bonne humeur, ou un chat qui agrandit le silence en se glissant le long des rangées de livres comme s'il effaçait les noms du dos des reliures. Ah, si cela pouvait suffire : je voudrais quelquefois m'acheter une de ces vitrines pleines de choses et m'asseoir là derrière, avec un chien pour vingt ans [11].

Ce qui est *assez bien* pour ces bouquinistes, qui « ne s'inquiètent d'aucune réussite », avec leur chat ou leur chien assis et frétillant à leurs pieds, arrive trop tôt pour le narrateur. Son exclamation – « Ah, si cela pouvait suffire » – le situe à la fois à l'intérieur et à l'extérieur d'une scène idyllique pour laquelle il n'est pas prêt. Il n'est pas disposé à renoncer à l'aiguillon de l'insatisfaction ni à l'attrait du prestige. « Demain, j'arrête d'être ambitieux », semble-t-il se dire. Il suggère toutefois que derrière ce type de gens, *sans grande estime* pour eux-mêmes et vivant *comme des chiens*, peuvent se cacher les rêves les plus riches. Nous n'avons accès qu'à un petit coin mal éclairé du monde intérieur de nos frères humains ; une autre histoire, plus obscure et pourtant plus éclairante, attend d'être découverte. Prêter attention aux personnages dits médiocres ou secondaires nous aide à mettre au jour et déconstruire les jugements stéréotypés que nous émettons généralement trop vite. En réalité, personnages supérieurs et inférieurs évoluent et s'entremêlent inexorablement dans le même royaume étriqué. Il serait donc erroné d'imaginer que nous n'appartenons plus au même univers juste parce que nous avons assigné quelqu'un à l'une ou l'autre de ces juridictions. Mettre en lumière des vies volées est le fond même de la littérature. La fiction nous apprend ce que c'est, de risquer à tout moment de disparaître ou de réapparaître.

Le succès ne suffit jamais

Je travaille dans une faculté d'arts libéraux, dans un environnement bucolique, peuplé de professeurs, d'écrivains, de peintres, de musiciens, tous gens remarquables qui ont consacré leur vie à leur travail. Nombre d'entre eux sont entièrement voués à leur métier, heureux de partager leurs découvertes avec leurs étudiants et leurs collègues. D'autres, en revanche, souffrent du syndrome du *pas assez bien*. Ils sont reconnus, lauréats de prix prestigieux, et pourtant n'éprouvent que rarement le bonheur selon Aristote. Ils remisent leurs dernières réalisations, annonçant déjà qu'ils préparent quelque chose de nouveau, quelque chose de mieux. Ils minimisent leurs travaux, sont minés par le manque d'assurance. Pour qui n'est pas du sérail, cette lassitude est difficile à concevoir, souvent vue comme de la fausse modestie, comme les jérémiades d'une classe privilégiée. Mais, tout comme les grands athlètes ne sauraient s'arrêter sur leur lancée une fois la médaille d'or gagnée, de même mes collègues sont incapables de se reposer sur leurs lauriers. Comment le pourraient-ils ? Pour eux, *assez bien* s'entend comme résignation, obstacle à leur passion et au développement de leur potentiel. Quand Kafka avait des passages à vide, quand il détestait ce qu'il écrivait, il ne s'agissait pas pour lui de décider de ce qui était assez bien ou pas assez bien. Écrire n'était pas un choix mais une nécessité :

> La lourdeur qui tombe sur ma pensée dès que je cesse d'écrire, incapacité de me préparer pour la rencontre, alors que la semaine dernière j'arrivais à peine à me défaire d'idées essentielles la concernant [12].

Il ne revenait pas à Kafka d'opter ou non pour une vie assez bonne. Son aspiration à créer, recommencer, déchirer, réécrire, repeindre lui était une nécessité fondamentale, à la fois dépendante de, et sans rapport avec la peur de l'échec. Dans la même veine, considérons la lettre que la poétesse Anne Sexton écrivit en 1960 à Nolan Miller, l'éditeur de fiction de l'*Antioch Review*. Elle s'y accuse de ne pas écrire suffisamment, d'être une imposteure, de publier des pages médiocres. Aussi durs que ces mots paraissent, la question n'était pas pour elle d'accepter ou non de se reposer sur ses lauriers. La notion d'*assez bien* ne s'appliquait tout simplement pas :

> Je suis toujours là, je ne fais pas grand-chose – je n'écris pas assez, je n'écris rien de bon, de fort [...]. Bon, c'est une période difficile... un livre de sorti, pas mal de critiques déjà, et l'impression que je suis une imposteure, que ce n'est pas moi qui ai écrit ça, mais que je l'ai volé quelque part. De nouveaux poèmes viennent lentement... ce n'est plus amusant [...]. J'ai à peu près vingt-cinq pages d'un second livre, mais tout n'est pas bon [...]. C'est un mauvais rêve dont je vais me débarrasser. Vous croyez que c'est possible, ça ? Je veux dire de se débarrasser de mauvais poèmes comme de mauvais rêves même quand on a permis qu'ils soient imprimés, révélés, etc. C'est tout ce que je peux faire [13].

L'expression du doute, chez Sexton, est importante car elle renvoie à la distinction entre les bénéfices idéalisés de la modération (telle que prônée par les philosophes) et les versions plus sombres que l'on trouve chez Woolf, Plath et consorts, pour qui la hantise du *pas assez bien* s'accompagnait souvent d'une véritable dépression. Non seulement le spectre de la médiocrité alimentait et rehaussait leur travail, mais la possibilité de brider leur talent eût semblé une farce cruelle. Que Sylvia Plath ait pu évoquer l'écriture en prose comme une « phobie », qui la poussait à « fermer son esprit »[14] ne signifie pas qu'elle aurait pu tourner la page et passer son chemin. Quand bien même Flaubert décrivait sa vie d'écrivain comme une sorte de noyade, lui qui passait ses journées à « pressurer sa malheureuse cervelle pour trouver un mot », lui aussi avait un besoin vital de persévérer dans cette voie[15].

Quand vous êtes aux prises avec les abymes de la dépression, vous avez affaire à un tout autre animal. C'est une chose de croire qu'il n'y a « pas de vie insignifiante, seulement des façons inadéquates de les regarder », c'en est une autre si votre propre vie vous apparaît constamment comme négligeable et inconsistante[16]. Le besoin d'accomplir quelque chose, si hasardeux ou à première vue inutile qu'il paraisse, est un mystère. Le poète et essayiste Paul Valéry ne pouvait aller se coucher sans s'être d'abord frotté à des problèmes de maths. J'aime me représenter ce besoin comme une faim primordiale, un moteur qui doit continuer à tourner même si cela ne mène nulle part.

La lutte pour la reconnaissance : Hegel vs Schopenhauer

Si, comme l'a montré Max Weber, nous luttons tous pour la reconnaissance dans un espace très restreint, alors notre succès repose sur l'échec de quelqu'un d'autre. Le génie d'une personne implique la banalité d'une autre. Dans une communauté, quelle qu'elle soit, il est impossible de ne pas savoir qui tient les rênes et où chacun se situe dans la hiérarchie. S'entendre rappeler qu'il vaut mieux ne pas réussir au-delà d'une certaine limite et que la popularité du voisin diminue la vôtre attise naturellement l'envie et la rancune. C'est là qu'apparaît le revers du juste milieu : la crainte lancinante d'être coincé dans le bourbier du moyen terme, condamné à subir éternellement le regard dépréciateur de l'autre. Comment puis-je me libérer de ce regard peu gratifiant tout en m'encourageant à l'excellence, à la réussite, et cela sans tomber dans cet esprit vil de domination jalouse qu'évoque Weber ? Dans son désormais fameux paradoxe de l'insatisfaction croissante, Tocqueville explique qu'une hausse de revenus ou une plus grande liberté, loin d'apporter stabilité et satisfaction, tend paradoxalement à augmenter nos attentes. De la même façon, lorsqu'on reçoit un prix, une promotion ou même un simple compliment, si cet état de grâce cesse (ce qui arrivera inévitablement), si l'on retombe dans l'incertitude (ce qui est la norme pour la plupart des gens), c'est alors que le succès des autres nous blesse le plus, que les comparaisons sont les plus mordantes.

J'ai déjà parlé de Schopenhauer, mon ancien mentor en pessimisme. Il a décidément toute sa place dans ce livre, car il n'a cessé de se battre contre les gens qu'il estimait moins bons que lui, et pourtant davantage reconnus. Il n'eut de cesse, notamment, d'insulter Hegel, son grand rival, qu'il taxait de moins-que-rien bouffi de jalousie, de médiocre personnage s'attaquant aux personnes distinguées et remarquables [17]. Schopenhauer est le symbole même du ressentiment, se nourrissant de sa propre bile. Il s'acharna à maintenir son cours à l'université de Berlin le même jour et à la même heure que celui, extrêmement populaire, de Hegel. Mais le séminaire de Schopenhauer, en comparaison, était si peu fréquenté qu'il finit par déguerpir à Francfort. Les injures qu'il emploie sont comiques tant elles sont acharnées : Schopenhauer moque en Hegel le « Grand Philosophe patenté », le qualifiant de « charlatan illettré et écœurant » [18], auteur d'un « galimatias fait des absurdités les plus grossières, un tissu de contradictions *in adjecto*, un clabaudage rappelant celui des maisons de fous [19] », mais l'accusant également de l'entière corruption intellectuelle de toute une génération.

La rivalité des deux hommes a été largement commentée par les philosophes, mais ce qui nous intéresse ici est que la haine de Schopenhauer envers Hegel était clairement exacerbée par une vision du monde délétère fondée sur la comparaison.

> Voyant [...] cette fanfaronnade et ce charlatanisme être tenus dans le plus grand respect, j'ai renoncé depuis longtemps à recevoir les ovations de mes contemporains. Il est impossible que notre époque contemporaine qui, vingt années durant, a acclamé ce Caliban intellectuel qu'est Hegel comme le plus grand philosophe avec tellement de bruit que toute l'Europe en a retenti, puisse rendre celui qui a assisté à cela désireux de ses ovations. Elle n'a plus aucune couronne d'honneur à distribuer[20].

Notons comme il transforme son rival en une créature grotesque, incapable de le voir avec un tant soit peu de distance. Loin de contempler le monde, Schopenhauer anticipe le fait que ce monde, sous l'influence de Hegel, ne le regarde pas, ne le valorise pas comme l'égal voire, ce qui serait plus juste à ses yeux, le supérieur de son concurrent. L'anticipation d'un tel affront engage l'infernale séquence agonistique. Attendre amèrement l'échec ou se préparer au succès d'un rival amorce le cycle du *pas assez bien*.

L'obsession du regard des autres

Ce souci de la gloire malsain est encore intensifié par l'érosion des frontières entre sphères artistique et économique. Lorsque Clement Greenberg contribua à lancer la carrière de Jackson Pollock en le qualifiant de « peintre le plus doué de sa génération », on imagine sans peine quelles rivalités s'en sont immédiatement trouvées attisées[21]. Alfred Barr, célèbre critique d'art et directeur du Museum of Modern Art, s'est empressé de se montrer aussi dithyrambique envers de Kooning, l'ami et rival de Pollock, lui attribuant « les toiles les plus importantes de notre temps[22] ». Sebastian Smee, dans un ouvrage qui retrace la carrière parallèle des deux artistes, évoque la souffrance d'un genre particulier apparue à la suite de la renommée de Pollock. Mener une vie discrète n'est pas toujours facile, mais ce n'est rien comparé aux affres du succès. La célébrité génère le plus souvent du ressentiment. Aussi est-il déroutant d'être enfin reconnu et célébré. Car l'admiration du public peut retourner le monde contre vous. Soudain, vous êtes moins aimé par vos proches ; vous suscitez de la jalousie, au point parfois de vous retrouver exclus. L'artiste Cile Downs témoignait ainsi que son ami Pollock « ne s'est jamais remis du fait que les gens ne vous aiment pas autant quand vous êtes riche et célèbre que quand vous êtes pauvre et insignifiant[23] ». Courir après la reconnaissance et la gloire est ainsi plus facile que de les vivre. Pollock n'est jamais parvenu, au fond, à assimiler les ingrédients de la renommée. À la mort de ce dernier, de Kooning ne put s'empêcher, même si c'était pour plaisanter, de raviver une dernière fois leur rivalité. Le peintre expressionniste abstrait aurait dit : « Bien. Ça suffit. J'ai vu Jackson dans sa tombe. Il est mort. C'est fini. Je suis le premier maintenant[24]. »

Dans une série d'articles récents, le romancier et journaliste Tim Parks s'attaque à quelques-uns de ses contemporains les plus adulés, des écrivains abonnés aux listes de best-sellers – J.K. Rowling, Karl Ove Knausgaard, Donna Tartt. Quand bien même il admet ne pas échapper lui-même à cette tendance, son hypothèse est que le succès nourrit le succès, que les lecteurs « achètent plus volontiers les livres d'écrivains qui ont déjà par le passé attiré un lectorat record. En même temps, ajoute-t-il, il est difficile d'imaginer que l'écrivain ou l'écrivaine ne soit pas aussi influencé(e) par la consécration qu'apporte un succès commercial ». Non sans amertume, Parks conclut que « la best-sellerisation est rapidement devenue l'unique mesure de la réussite »[25]. Six mois plus tard, apparemment toujours préoccupé par cette question du rapport entre talent et succès, conformisme et popularité, Parks s'étonne de voir des romanciers célèbres bâcler de mauvais romans et continuer à très bien vendre leurs livres. « Tout conspire, écrit-il, à nous rendre obsessivement soucieux de la réaction du monde à ce que nous faisons. » Et de poursuivre en citant le roman de Jonathan Franzen *Purity*, dont l'un des thèmes est l'intensification par Internet de l'obsession des écrivains pour leur cote de popularité. Cette vérification constante de qui aime ou n'aime pas conduit, selon Parks, à « la peur de ne pas être assez populaire ou pas assez cool [...], la peur d'être brocardé ou oublié »[26].

Les questions soulevées par Parks sont exacerbées par l'industrie du livre et la relation entre niveau de ventes et prestige, entre la quantité et la qualité. Le pire n'est pas d'être oublié ou ignoré, mais d'être moins important, de finir avec une nécrologie moins dithyrambique. Ce n'est pas pour rien que le bon mot grinçant de Gore Vidal fait une bonne citation : « Chaque fois qu'un de mes amis réussit, je meurs un peu. » Est-ce à dire qu'en réalité, le seul pouvoir de la « médiocrité dorée » est de changer l'or en poussière ? Évaluant l'œuvre de Gore Vidal après sa mort, Jay Parini affirme : « Il est l'auteur de plus de cinquante livres, la plupart très bons, quelques-uns assez mauvais, mais – même s'il détesterait se l'avouer – aucun véritablement magistral ou majeur[27]. » Toute leur vie, les personnalités évoquées plus haut courent après des succès éphémères. Elles sont obnubilées par les échelons menant au sommet de la gloire, soucieuses de leur statut jusqu'à l'obsession, hantées par la peur d'être dépassées. Il est relativement facile de décrire ce type de personnes. Elles sont ambitieuses, souvent provocantes, d'une intransigeance qui transparaît dans leurs lettres, leurs interviews, leurs conversations.

Nombre d'entre nous se satisferaient d'être jugés « très bon ». Mais pas ceux qui ont connu la gloire et la renommée, qui ont un temps été hissés au panthéon des stars. Pour eux, il ne suffit pas d'être un grand artiste, il faut trouver moyen de prouver que vous êtes le meilleur. Ou que vos rivaux sont promis à l'oubli – de simples imitateurs ou des étudiants moins brillants. Michel-Ange n'a jamais pardonné à Raphaël de s'être inspiré des voûtes de la chapelle Sixtine pour peindre son Isaïe dans la basilique Saint-Augustin. Plutôt que de tirer fierté du rôle de maître vénéré, de grand inspirateur d'un artiste prometteur, il détourna en sa faveur tout éloge adressé à Raphaël, affirmant, comme le rapporte Vasari : « Tout ce que Raphaël sait en matière d'art, il l'a appris de moi. »

À l'époque où je vivais en France, il existait trois mentions au baccalauréat : « très bien », « bien » et « assez bien ». En ces temps reculés, *assez bien* voulait bien dire ce que ça voulait dire. Ce n'était pas une source de grande fierté, mais il n'y avait pas de quoi rougir. Aujourd'hui, il paraît que les parents se plaignent aux professeurs lorsque « assez bien » figure sur le bulletin de leur enfant. Car « assez bien » s'entend désormais comme un « pas assez bien », une notation qui risque de faire obstacle à leurs exploits futurs.

Chapitre 4

En classe : les étudiants et l'assez bien

Toujours soucieuse de mieux comprendre le fonctionnement de la vie suffisamment bonne, j'ai décidé de proposer un cours intitulé « Représenter l'indicible ». Les livres étudiés décrivaient des situations qui échappaient aux notions habituelles de succès et d'échec. En fait, elles résistaient à l'idée même d'échec, interrogeant les définitions ordinaires de la réussite et de la prétendue normalité. Du *Frankenstein* de Mary Shelley à *Je vais, tu vas, ils vont* de Jenny Erpenbeck, un fil rouge se dégageait de ces lectures : confronter notre empressement à mettre les situations humaines dans des cases, à notre résolution de passer outre les classifications existantes. Face à la hiérarchie dérangeante entre *losers* et *winners*, mes étudiants se sont raccrochés au concept de *bonne médiocrité*, une variante de l'*assez bien* – deux expressions qui, si elles les firent d'abord rire, eurent tôt fait de rejoindre leur vocabulaire de référence. La classe était enthousiaste à l'idée de forger une nouvelle terminologie, propre à exprimer un espace d'expérience intermédiaire. Nous avons examiné des personnages entravés par divers handicaps (cécité, autisme, dépression) ou victimes d'intolérance (la créature dans *Frankenstein*, Gregor Samsa dans *La Métamorphose*). Notre perspective de travail était d'éviter les catégories trop systématiques (succès/échec), pour trouver des moyens d'accéder à des horizons psychologiques et sociaux différents des nôtres.

Notre corpus de récits et de romans nous a fait entendre des monologues intérieurs, des conversations murmurées derrière des portes closes et pénétrer des mondes secrets : un privilège que nous n'aurions jamais eu dans la vie réelle. Dans le cadre de notre réflexion sur l'*assez bien*, cela nous a aidés à dépasser la binarité désastreuse qui nous éloigne des autres : d'un côté ceux que nous admirons, de l'autre ceux que nous ne remarquons même pas. Si l'on en croit Leibniz, toute âme est une monade, fermée sur elle-même, sans porte ni fenêtre. Mais l'espoir est que, de temps à autre, l'une de ces âmes, se révélant miraculeusement, nous devienne accessible et nous éclaire au passage. Après avoir accédé à l'intériorité de ces personnages, les étudiants ont jugé impossible de les rejeter sous prétexte qu'ils seraient médiocres.

Le cas Temple Grandin

L'étude de l'œuvre de Temple Grandin, grande scientifique américaine, spécialiste du comportement animal, fut un tournant dans le déroulement du cours. *Penser en images*, un témoignage exceptionnel sur l'enfance de l'autrice et son autisme, nous fit entrer dans un monde obéissant à des lois et des codes « différents » du nôtre mais « pas inférieurs », pour reprendre la formule de Grandin. La notion de « stigmatisation » est souvent revenue au cours de nos débats. De façon remarquable et avec beaucoup de courage, Grandin avait révélé au monde son autisme, lançant le mot avec toutes ses connotations dépréciatives avant de s'en aller concevoir des équipements pour l'élevage industriel et de s'atteler elle-même à comprendre d'autres formes d'esprit[1]. Mes étudiants n'étaient pas insensibles à ce que je m'efforçais d'éveiller chez eux. Même si Grandin était un exemple extrême du décalage existant entre image publique et image privée, ils ont bien compris que mon propos visait nos tendances simplificatrices, généralisantes, trop promptes à frôler la surface de l'être par crainte d'en salir le cœur – et de compliquer nos relations. Comment une personne que le contact rapproché avec les autres terrifiait pouvait-elle parallèlement inventer une machine à câlins visant à procurer une sensation réconfortante de contention aux animaux destinés à l'abattoir ? Délivrer un soulagement que vous-même ne supportez pas : comment était-ce possible ? C'était là toute la particularité des contradictions de Grandin, qui nous ont préparés à juger autrement des vies jouées sur un autre mode.

Le séminaire explorait les insuffisances de la communication et la difficulté à dépasser nos limites et nos préjugés pour accéder à la conscience d'autrui. Les étudiants se sont appliqués à relativiser le caractère exceptionnel de l'humain, ou du moins à l'attribuer plus largement à des figures marginales. À cet égard, le « différent... mais pas inférieur » de Temple Grandin était une incitation à considérer pour elles-mêmes les personnes atteintes de troubles du spectre autistique, en tenant compte de leur immense potentiel. Non seulement Grandin n'avait pas peur de mettre en avant sa différence, mais elle revendiquait son « droit à l'opacité », à garder inconnus les fondements de son identité. Nous devons au philosophe Édouard Glissant cet éloge de l'opaque, notion qui allait m'aider à aborder à nouveaux frais la question de l'*assez bien*. Comme Grandin, en effet, Glissant a contribué à brouiller les frontières et les catégories. Une grande part de son œuvre s'élève contre la possibilité même de la transparence, valorisant au contraire ce qui, en chacun de nous, demeure intraduisible et inconnaissable.

Alors que Grandin réclamait que l'on cesse de sonder son « intériorité », je me demandai pourquoi je m'étais lancée dans une aussi vaine campagne de réhabilitation de gens qui n'avaient rien demandé. J'avais embarqué dans ma croisade en faveur des oubliés des personnages qui non seulement ne se considéraient pas comme tels, mais qui de plus se trouvaient à présent, par ma faute, affectés à cette catégorie ! L'image développée par Glissant d'un monde semblable à une gigantesque tapisserie, une étoffe tissée qui se fait et se défait en une « divergence exultante des humanités[2] », redonna un peu de pertinence et d'équilibre à ma quête insensée. Si nous appartenons à cette immense tapisserie, sommes pris dans la même trame, peut-être serons-nous moins tentés de glorifier ou d'abhorrer nos différences ? Moi qui ai grandi en France, dans le monde impitoyable des faiseurs de tendances, où pour être adoubé il fallait tous sortir des mêmes grandes écoles, j'étais frappée par le désir de Glissant de s'extraire d'une telle homogénéité de jugement. Comme Grandin, plutôt que de distribuer et de recevoir l'éloge, il cherche l'occasion d'affirmer sa non-conformité et trouve la solidarité dans la différence.

> La pensée de l'opacité me distrait des vérités absolues, dont je croirais être le dépositaire. [...] Pour ce qui est de mon identité, je m'en arrangerai par moi-même. C'est-à-dire que je ne la coincerai dans aucune essence, attentif aussi à ne la confondre dans aucun amalgame. Mais j'accepte qu'elle me soit par endroits obscure sans malaise, surprenante sans dessaisissement[3].

Pourquoi Grandin, ou d'ailleurs toute personne qui ne correspond pas à la « norme » du moment, serait-elle tenue d'expliquer qui elle est ou ce qu'elle est ? Pourquoi retient-on avant tout de Grandin son autisme plutôt que l'emploi qu'elle fait de son « fonctionnement » hors norme ? Plutôt que de s'échiner à sonder l'insondable, nous dit Glissant, pourquoi ne pas admirer sa profondeur et sa résistance ? Pourquoi ne pas trouver un mode de communication productif qui permette d'assumer notre apparente dissimilarité et d'en faire quelque chose ? « Je puis donc concevoir l'opacité de l'autre pour moi, sans que je lui reproche mon opacité pour lui. » Glissant nous invite à nous défaire des poses et des postures que nous adoptons habituellement dans nos échanges. L'opacité nous permet d'interagir avec autrui en dehors des appartenances supposées. C'est une façon d'éviter la comparaison. « Il ne m'est pas nécessaire que je le "comprenne" pour me sentir solidaire de lui, pour bâtir avec lui, pour aimer ce qu'il fait. Il ne m'est pas nécessaire de tenter de devenir l'autre (de devenir autre) ni de le "faire" à mon image[4]. » Je cite longuement Glissant ici pour sa faculté à penser différemment sur un sujet central de ce livre : le fait que nous soyons si souvent aveuglés par notre dépendance au jugement des autres.

Longtemps, les spécialistes des troubles du spectre autistique ont prétendu comprendre leurs patients en considérant leurs limites, et non leurs extraordinaires capacités. L'action de Grandin, en ouvrant des perspectives plutôt qu'en en fermant, a remis en cause la notion même de limites. Elle a fait d'un handicap apparent un atout. Si les animaux et les autistes sont infériorisés au prétexte qu'ils n'ont pas d'intériorité, alors mieux vaut carrément abolir la notion préjudiciable d'intériorité. Notre intériorité humaine privilégiée, héritage des émules de Descartes ou de saint Augustin, n'est-elle pas totalement solipsiste ? On trouve dans le dictionnaire cette définition d'une personne autiste : « incapable de se comprendre soi-même et de comprendre les autres, et donc incapable de véritables introspection et rétrospection ». Comme Glissant, Grandin tolère mal le culte de la compréhension de soi. Elle affirme, pour sa part, que c'est *parce qu'*elle ne comprend pas certaines choses qu'elle peut visualiser le monde différemment. Sa force, dès lors, repose sur « l'extériorité » plutôt que l'intériorité. L'aura de l'intériorité une fois rabattue, elle se concentre sur sa capacité à observer en dehors d'elle-même.

Grandin, qui affirme n'avoir « pas de vie personnelle » ni d'autre émotion que celle d'une « enfant de onze ans », incarne cet étonnant décalage entre la prétendue absence de tout sentiment d'individualité et le profond impact qu'a sur le monde sa personnalité particulière. Lorsque Thomas Nagel se demande comment c'est, d'être une chauve-souris, il reconnaît que ce genre de projection ne changera pas sa « structure fondamentale » ni ne lui permettra réellement « de vivre une expérience semblable à celle de ces animaux »[5]. Avec Grandin, c'est autre chose : celle qui revendique une faculté unique d'observer le monde extérieur à elle est amenée à *changer la structure* de son environnement. Non par projection ni par anthropomorphisme, mais par une reconfiguration de l'espace de façon à ce qu'il soit plus adapté à la sensibilité des animaux. Le paradoxe étant que c'est son *supposé* manque de connexion aux autres qui lui permet d'entrer en lien avec l'animal aux abois, sur le point d'être abattu. Grandin rapproche sa propre expérience de la peur, sa phobie du contact rapproché de la perception qu'a un animal d'un environnement menaçant. Cette identification l'a amenée à concevoir, pour les abattoirs, une rampe courbe opérant un tournant à 180 degrés après une entrée en ligne droite, pour préserver les bêtes d'une anticipation stressante du sort qui les attend. Grandin n'a jamais prétendu pénétrer la conscience d'une vache de 800 kilos, mais elle est parvenue à déduire, d'après sa propre sensibilité géométrique, la perception qu'a l'animal de l'espace physique.

> Je visualise la bête en train de pénétrer dans le couloir, sous différents angles et à des distances différentes, en gros plan, de loin et même parfois depuis un hélicoptère – ou bien je me mets à la place de cet animal et je ressens ce qu'il doit ressentir en s'engageant dans ce couloir[6].

Le cas Grandin – le décalage entre son étonnante capacité à comprendre la peur d'un animal et son absence affirmée d'intériorité – amena la classe à réviser sa croyance (et sa défiance) en l'homme comme être d'exception. Il nous força à nous demander : pourquoi privilégions-nous systématiquement la pensée introspective sur toute autre forme d'expérience ?

Grâce à Grandin, nous avons ouvert les yeux sur la possibilité d'un monde parallèle où cécité et perspicacité ne sont pas incompatibles. Mais, si nous avions cru que nos lectures nous feraient *entrer dans* la pensée et les sentiments d'autrui, nous n'étions pas au bout de nos surprises. Car il nous fallut plutôt *sortir de* certaines façons de voir sur le mode hiérarchique. Pour ma part, j'ai lu *L'Interprète des animaux* de Grandin comme un guide pratique. Cette femme me donnait envie de revisiter mon univers familier avec des yeux neufs. Grandin, c'était aussi cette personne qui, se disant étrangère à la dimension « cérébrale » des gens « normaux », avait publié des centaines d'articles scientifiques. Comme l'a écrit Oliver Sacks, Grandin échappait à tout effort de catégorisation. Et pour en revenir à la question de l'opacité, il était inspirant et libérateur de considérer quelqu'un précisément pour sa capacité à déjouer et défier nos attentes.

Alors qu'il avait intégré le désintérêt assumé de Grandin envers les autres humains, Sacks fut surpris de la voir pleurer en apprenant que les bibliothèques pourraient bien disparaître un jour. Certes, des bibliothèques ne sont pas des personnes, mais l'émotion pure qu'elle manifesta alors correspondait tellement aux codes admis de l'empathie humaine ! Cet épisode fut une nouvelle révélation pour la classe : ce que l'on juge « différent » dans le comportement ou la vision du monde d'autrui, et de la même façon ce que l'on catégorise comme « humain », est toujours une exception, une déviation plus ou moins importante par rapport à une norme. Vers la fin du séminaire, Lydia, une étudiante, se proposa de lire le passage suivant, tiré de l'essai de Sacks :

> Malgré tout, certains parents de jeunes autistes cèdent toujours à la tentation de se blâmer quand ils constatent que leur fils ou leur fille devient lointain, inaccessible et amorphe. Faisant des efforts surhumains pour entrer en contact avec un enfant qui ne peut pas plus les comprendre que leur rendre leur amour, ils essaient de se cramponner à un être qui vit dans un monde inimaginable, étranger ; et cette situation leur est d'autant plus douloureuse que ces efforts de communication donnent souvent l'impression d'avoir été accomplis en vain. [...] S'il est parfois possible d'établir un diagnostic clinique en un clin d'œil, on ne peut espérer comprendre l'individu autiste sans considérer la totalité de sa biographie[7].

Cet extrait suscita force émotion dans la salle. La dernière phrase – *sans considérer la totalité de sa biographie* – était particulièrement poignante et édifiante.

Des mondes inimaginables et mystérieux

Un être humain est tellement plus que les brefs moments que nous passons avec lui. Comme c'est édifiant, mais aussi désespérant, de songer quelle infime part de la vie des autres nous partageons ! Le désespoir des parents face au « monde inimaginable, étranger » de leur enfant autiste nous parut à tous un crève-cœur car, comme l'a dit l'étudiante, vous pouvez certes toujours aimer ce que vous ne pouvez imaginer, mais vous risquez d'être totalement à côté de la plaque, et votre affection pourrait n'avoir aucun effet sur l'être aimé. Mais doit-on forcément aimer comme tout le monde ? répliqua Lydia. C'était justement un point de discussion dans le cas Temple Grandin, pour qui une relation fondée sur une réciprocité inconditionnelle ne semblait pas envisageable. Peut-être qu'une forme de distance, ménageant la zone de mystère de la personne, vaut mieux que notre vision romantique d'une passion totale et dévorante. Préserver ce mystère est une façon de se garder de toute forme de possession. J'acquiesçai. Il n'y avait pas grand-chose à ajouter.

Le séminaire se termina de façon inattendue. Une autre étudiante, Eleonor, relança le débat en suggérant que les romans, davantage que les essais ou les autobiographies, permettaient une représentation à la fois de l'étranger et du familier, tout en respectant la souffrance et le plaisir de l'autre. Et pourquoi cela ? demandai-je. L'étudiante invoqua Virginia Woolf : « Vous vous souvenez dans *Mrs Dalloway*, avança-t-elle, comment Septimus Smith est enfermé dans sa tête ? Alors qu'il veut en *sortir*, qu'il perd la tête, Woolf nous ramène *à l'intérieur* de sa conscience. » Et de lire ce passage :

> La terre entière clamait : Tue-toi, tue-toi, pour l'amour de nous. Mais pourquoi donc se tuer pour l'amour d'eux ? [...] De plus, maintenant qu'il était tout seul, condamné, abandonné, il y avait là une forme de délectation, un admirable isolement, une liberté que ne connaîtront jamais les enchaînés[8].

La prison émotionnelle de Septimus, ajouta Eleonor, n'était pas une forteresse imprenable : nous pouvions encore y accéder. La prose woolfienne dévoilait ainsi sa solitude et sa conscience d'une certaine liberté. Toute la classe semblait à présent focalisée sur les voix peuplant l'esprit de Septimus dérangé par la guerre. Lin, quant à lui, dit admirer la capacité de Woolf à nous faire ressentir la solitude absolue, ajoutant que c'est justement le but d'un livre, de nous faire entrer dans la peau de quelqu'un d'autre aussi longtemps que possible.

La question la plus aiguë qu'aborda notre séminaire fut celle du droit à pénétrer la conscience d'un autre – humain ou animal. Ce fut le moment de partager avec la classe cet extrait d'*Un conte des deux villes* de Dickens :

> C'est un fait étonnant, quand on y songe, que chaque être humain constitue pour tous les autres un secret, un mystère insondable. C'est une chose impressionnante, quand on entre dans une grande cité, le soir, de se dire que chacune de ces maisons groupées dans l'ombre, chacune de ces pièces qui la composent, renferme son propre secret, que chacun des cœurs qui battent dans ces cent mille poitrines est, par certaines de ses spéculations, un secret même pour le cœur qui en est le plus proche[9].

Notre impénétrabilité, explique Dickens, fait de nous de véritables énigmes. Explorer la notion d'*assez bien* implique d'accepter cela. Nous sommes faits de tant de nœuds et de contradictions ; ce qui me parle est peut-être sans intérêt pour vous ; mon *assez bien* étant possiblement votre pire cauchemar. Mes étudiants ont appris à être infiniment respectueux de ce mystère de l'autre. Au point parfois de se censurer. Ils me disent que je suis trop prompte à évaluer et à juger. Lorsque je leur ai parlé de mon projet de livre, beaucoup se sont indignés. « Comment pouvez-vous savoir ce qui est assez bien pour moi ? » Ils ont raison, bien entendu, mais je leur ai rappelé que contrairement à la vie, la littérature s'intéresse aux existences possibles. Nous pouvons tester des options qui nous seraient inaccessibles autrement ; nous pouvons imaginer différents horizons, des issues délirantes. Toutefois, certains de mes étudiants étaient si zélés dans leur respect du mystère des autres qu'ils rechignaient à se projeter dans leurs vies. Un article de Zadie Smith sur l'imagination m'a alors aidée à résoudre certains de ces dilemmes. Ce qui me plaît dans ce texte, c'est que l'autrice dit ne s'être jamais sentie « entièrement » séparée des voix qui transitent par son œuvre. Écrivaine, elle est « enfant et adulte, homme et femme, noire, métisse » mais, nous dit-elle, c'est aussi notre cas, à nous lecteurs :

> Je n'ai jamais pensé avoir une voix séparée des multiples voix que j'entends, que je lis, et que j'intériorise chaque jour. [...] Cela fait des années à présent que, au fil de mes romans, « je » a été à la fois enfant et adulte, homme et femme, noire, métisse et blanche, homo et hétéro, drôle et tragique, progressiste et conservatrice, croyante et athée, et même vivante et morte. Toutes ces voix en moi ont eu l'occasion de s'exprimer [...]. Avec le temps, je me suis efforcée de me sentir moins honteuse de mon intérêt compulsif pour la vie des autres et de ces multiples voix dans ma tête [10].

J'ai ressenti un tel soulagement à la lecture des mots de Smith ! J'aimais comme elle parlait de son intérêt « compulsif » sans la moindre culpabilité ; je voulais que mes étudiants laissent s'exprimer les multiples voix qu'ils avaient peut-être en eux, qu'ils les libèrent de scrupules excessifs. Nous aussi pouvions être le même et un autre, singuliers et multiples. En nous frottant à la conscience d'autrui, nous aussi pouvions entrer en empathie et nous retrouver dans une vie entièrement différente. Est-ce que cela changeait quoi que ce soit, que Smith parle de romans tandis que nous débattions d'une vraie personne, Temple Grandin ? Et, par extension, que je réfléchisse à l'*assez bien* avec des lecteurs et des lectrices que je ne connaissais même pas ? Je dirais oui et non. Les romanciers nous font entrer dans les secrets de multiples protagonistes, dont certains nous aident parfois à résoudre certains mystères de notre propre monde. Quand Woolf nous montre les séquelles de la guerre chez Septimus, son sentiment à la fois d'emprisonnement et de libération, elle nous aide grandement, en vérité, à comprendre une part de l'univers de Grandin. Comme Sacks, qui l'a rencontrée et a analysé sa vie et son œuvre, nous sommes parvenus à réconcilier des parts d'elle-même qui semblaient pourtant absolument indépendantes et contradictoires. Comment a-t-elle pu se décrire comme « un moteur de recherche ne fonctionnant qu'avec des images » et cependant s'en remettre à cette étrange machine à comprimer pour lui apporter le réconfort du contact physique ? Comment rapporter à une même personne cette femme si conforme à une définition basique de l'autisme (« des personnes coupées de leur environnement physique comme par un rideau de fer ») et l'activiste pour les droits des animaux qui échappe à toute catégorisation, douée notamment de cette extraordinaire capacité à se mettre à la place du bétail maltraité [11] ?

Les gestes mineurs et les vertus de la perplexité

Souvent, je rêve de pouvoir appliquer dans ma vie les découvertes que je fais avec mes étudiants. Malheureusement, même si c'est désormais moins fréquent, je continue d'évaluer de manière contradictoire mes succès et mes échecs. C'est certainement ce qu'a pensé mon médecin, en s'imaginant que l'accueil favorable que je réservai au scénario du demi-cerveau s'expliquait par une déconvenue récente, mais que si le succès venait à me sourire de nouveau, mon ambition se réveillerait. Quiconque prêchait l'*assez bien*, supposait-il ainsi, se berçait tout simplement d'illusions. Mes étudiants n'en démordaient pas : il était dangereux et toxique de réduire une vie entière à une étiquette – une telle est une personne médiocre, telle autre est une star. Et comme tant d'autres qualificatifs, ces catégories extrêmes éclipsent les nuances et les textures plus discrètes des triomphes privés et des victoires invisibles. Cela tendait à devenir le leitmotiv de la classe. Et celui du livre que je voulais écrire. S'il est difficile de résister à la tentation de caractériser l'autre d'un mot ou de distribuer l'éloge et le blâme, accepter l'opacité est une forme de lecture exigeante. C'est le contraire d'un résumé Wikipédia, qui brosse l'intrigue à grands traits sans aborder le sens profond de l'histoire.

Les problèmes de communication sont un des thèmes que la philosophe et artiste canadienne Erin Manning explore dans *Le Geste mineur*. Elle voit nos jugements hâtifs comme une technique d'évitement, une façon de montrer que nous « possédons » quelqu'un. Au contraire, suspendre son jugement est un état infiniment plus difficile à maintenir et à coter. Si vous ne transformez pas quelqu'un en un type, un symbole, vous ne pourrez pas évaluer sa performance (ni, par conséquent, la vôtre). Ce suspens dénoue le nœud compétitif qui fait obstacle au dialogue. Si Manning accorde tant d'importance aux petits gestes et aux microdécisions qui rythment nos vies quotidiennes, c'est parce que l'insignifiance qu'on leur prête en dit plus long sur nous que sur eux. De la même façon, discréditer des personnages en apparence banals (qu'ils soient fictifs ou réels) indique surtout que nous ne leur prêtons attention que dans la mesure où ils entrent dans nos catégories préexistantes de succès et d'échec.

Les réussites fracassantes et éblouissantes invitent à l'évaluation immédiate (mais non moins trompeuse) d'une personne ou d'une situation. Cette forme de reconnaissance retentissante nous rappelle opportunément que cocher les cases de la réussite, du succès ostensible nous renvoie surtout à la façon dont le succès est évalué et mesuré. Juger une personne d'après son curriculum vitae, c'est lui voler son âme. Inversement, être incapable d'apprécier une personne ou de la juger selon une stricte estimation hiérarchique brouille inévitablement « les cadres institutionnels, tout comme cela brouille les valeurs existantes ». Brouiller les valeurs existantes pourrait bien être le rôle de la « bonne médiocrité ».

Une façon de déranger les formes conventionnelles d'évaluation est de reconnaître la riche opacité du monde qui nous entoure. L'autisme, comme nous l'avons vu, brouille nombre de concepts, notamment notre relation à la prétendue valeur du prestige. Par exemple, l'absence de signaux attendus sur le visage de notre interlocuteur malmène l'image de soi, car il est plus difficile de jauger où l'on se situe sur l'échelle du succès et de l'échec. Mais un regard insondable, s'il peut être déstabilisant, cache peut-être un bienfait, dès lors qu'il nous pousse à réévaluer notre place dans une hiérarchie à la fois réelle et imaginaire. Si l'amertume de ne pas être reconnus nous déchire, elle peut aussi nous aider à trouver de nouvelles façons de prendre notre place dans une situation. Pour Judith Butler, de telles secousses sont nécessaires. La philosophe, bien connue pour ses ouvrages *Trouble dans le genre* ou plus récemment *La Force de la non-violence*, qui entreprend de régénérer notre coexistence en ce monde, explique que, même si ces secousses peuvent « nous défaire », elles peuvent aussi réduire la distance qui nous sépare des autres, en modifiant les modalités de nos interactions. Être « défaits les uns par les autres », affirme Butler, est moins grave que de rester intact, autarcique dans toute notre hubris. Protéger son quant-à-soi équivaut alors à « manquer » une occasion d'être refaçonné par l'existence d'autrui. Considérer nos destins comme des formes gravées dans le marbre est une attitude stérile. Pour Butler, les interactions humaines sont une dialectique constante entre cohérence et incohérence, fragmentation et construction [12]. Ce qui veut dire que regarder quelqu'un d'autre comme une entité immuable ne fera que masquer les variations, les nuances invisibles qui constituent le cœur même de cette personne.

Considérer une personne dans toute son impénétrabilité est un exercice nécessaire. C'est une façon de reconnaître que nous ne nous limitons pas à ce que nos yeux voient. Notre manque de cohérence est un bienfait en ce sens qu'il empêche les catégories de nous enfermer [13]. Moi aussi je plaide volontiers pour la reconnaissance des vies vécues en mode mineur, surtout si cela nous aide à réviser nos cadres hypercritiques. Imaginons que la vie d'une personne soit le sujet d'un roman ou d'une nouvelle, la jugerions-nous toujours comme un exemple irréfutable de succès ou d'échec ? Ou bien accepterions-nous ses incertitudes, ses métaphores hermétiques, ses messages voilés, ses positions contradictoires ? N'en viendrions-nous pas à célébrer le mystère de cette existence, admettant l'idée que tout portrait ne saurait être qu'une approximation, une fraction d'un tout, une facette d'un potentiel plus large ? Alors que je tends à rejeter les œuvres d'art univoques, pourquoi est-ce que je persiste à juger aussi grossièrement des humains ? C'est l'ambivalence de l'art qui me permet d'y prendre part, de projeter sur lui une multitude d'émotions et de croyances. Serait-ce donc si terrible de traiter mes congénères comme des personnages de fiction, indépendants de mes désirs et de mes peurs ? Cela produirait-il des lectures plus texturées et bigarrées ?

La vertu de la perplexité dans la lecture est qu'elle permet un hiatus, une suspension, qui produit le contraire d'une appropriation. C'est pourquoi une attention aux gestes mineurs, à ce qui semble intraduisible, est aussi importante. Face à ce qui ne lui est pas familier, il incombera à l'interlocuteur de recueillir des indices, de suspendre son jugement, d'écouter et d'interagir en dehors des catégories habituelles.

Déverrouiller l'expérience individuelle

Disséquer les mouvements et les sons, les gestes et les hésitations plutôt que les réalisations tangibles nous rend plus conscients des différentes façons d'être humains. Et si nous tentions de bâtir une compréhension de nos semblables à la façon dont eux-mêmes saisissent l'espace qui les entoure : en décrivant la partie avant le tout ? Les personnes autistes, en effet, tendent à « reconstruire » visuellement une pièce en la voyant progressivement émerger et prendre forme, alors que les autres auront de cette même pièce une perception complètement différente. Prêter ainsi attention à différentes façons d'expérimenter le monde m'a préparée à une compréhension plus nuancée du succès et de l'échec, de l'*assez bien* et du *pas assez bien*. Une fois que j'ai eu abandonné mes catégories de jugement définitives et tranchées, je me suis rendu compte que j'étais assez douée pour lire entre les lignes, mettre au jour les richesses enfouies d'un langage oublié.

S'efforcer de comprendre comment une personne reconstruit et déverrouille l'expérience nous aide à développer un langage plus généreux grâce auquel imaginer qui peut être l'autre. Prêter une attention minutieuse à ce qui nous sépare d'autrui – que ce soit par manque ou par excès – freine la hâte habituelle avec laquelle nous jugeons le plus souvent. S'imprégner de l'infime, de l'insignifiant, du différent, voire de l'indifférent, c'est prendre en compte l'histoire d'une expérience, la généalogie d'une trajectoire. Nous ferions mieux assurément de suspendre notre jugement plutôt que nous imaginer tout voir très clairement. L'invisible est ramené à la vie par la vertu de l'attention. Le plus insignifiant en apparence nous aide à sortir des façons communes de juger, et le mineur nous préserve de la tyrannie du majeur.

Les personnages de fiction secondaires habituent mon cerveau à passer outre mes jugements sans nuance. Ils rabattent mon penchant pour le jeu du roi Lear, celui qu'il propose à Cordelia alors qu'ils sont prisonniers : se demander « qui perd et qui gagne, qui est en haut et qui est en bas ». Pourrais-je m'entraîner à voir les autres avec autant de largesse que Jinny se décrit elle-même dans *Les Vagues* de Woolf ? « Je sens mille capacités bondir en moi. Je suis espiègle, tour à tour gaie, languide, mélancolique. J'ai des racines, mais je coule[14]. » Moi aussi je puis être six choses à la fois, prompte à revendiquer mes moi contradictoires, mais lorsque j'évalue les autres, mon imagination se fige et je deviens extrêmement mesquine et avare d'éloges. Les romans de Woolf exposent sans complaisance cette dualité. Alors que Jinny dresse la liste de ses différentes facettes, rien ne dit qu'elle ferait la même chose pour ses semblables. Dans *Vers le phare*, Lily Briscoe a cette même révélation ; tandis que dans sa tête elle est train de rabaisser

Charles Tansley, elle réalise soudain combien ce portrait est réducteur :

> L'image qu'elle avait de lui était grotesque, Lily s'en rendait bien compte tout en remuant les plantains du bout de son pinceau. La moitié des idées qu'on se faisait d'autrui, après tout, étaient grotesques. Elles servaient nos intérêts personnels. [...] Si elle voulait être sérieuse à son égard, il lui fallait puiser dans les réflexions de Mrs Ramsay, le regarder par ses yeux à elle. [...]
>
> On aurait besoin de cinquante paires d'yeux pour bien voir, se dit-elle. Cinquante paires d'yeux ne suffiraient pas à faire le tour de cette seule femme, songea-t-elle[15].

La propension de Lily à caricaturer les autres m'est tristement familière. Comme elle, combien de fois n'ai-je pas remodelé grossièrement autrui à ma manière ? Autant je suis indulgente envers mes propres défauts, autant je peux être cinglante et impitoyable envers ceux des autres.

Chapitre 5

La tyrannie du mérite

Ces dernières années, on a souvent vu associés les mots « tyrannie » et « méritocratie ». À partir de quand le mérite, cette qualité en général attachée au bien commun, devient-il tyrannique ? Dans son best-seller *La Tyrannie du mérite*, Michael Sandel affirme que le mérite non seulement ne conduit pas à « un mode de vie satisfaisant pour les gagnants », mais les dédouane d'un « sentiment de responsabilité envers ceux qui ont eu moins de chance qu'eux »[1]. Le phénomène vient en grande partie de ce qu'on prête davantage attention aux résultats ostensibles qu'aux processus ; il n'en reste pas moins qu'il tend à diviser le monde entre gagnants et perdants et à émousser notre sens de l'*assez bien*.

> C'est, pour des jeunes gens, un fardeau très lourd à porter. Et, pour l'esprit civique, le système se révèle très corrosif. En effet, il est d'autant plus compliqué d'apprendre la gratitude et l'humilité que nous nous considérons comme les agents autonomes

et individuels de notre réussite. Or, sans gratitude et humilité, il est difficile d'être attentif au bien[2].

Lorsque la méritocratie court-circuite le moi suffisamment bon, ou si elle esquive ce que William James appelle les tribunaux supérieurs (« Dieu, l'Esprit absolu, le Grand Compagnon »), alors nous risquons de substituer au « refuge intérieur » de ce qu'il y a de meilleur en nous un « abîme d'horreur ». Ce que James perçoit comme un abîme individualiste ressemble à s'y méprendre à la course aux gratifications qui règne dans le monde actuel. Lorsque le moi n'est plus qu'un reflet renvoyé par la société, qu'il se laisse aveugler par un succès éhonté, comment peut-il encore voir au-delà des apparences, lire entre les lignes pour trouver le bien commun pas toujours si commun ?

A posteriori, mon plus grand point aveugle, ce qui a le plus retardé mon désir pour l'*assez bien*, a sans doute été mon obstination à faire les choses par moi-même, par mon seul mérite. Je voulais que mes succès m'appartiennent entièrement. Pas étonnant que je me sois infligé des sujets ésotériques et me sois enchaîner à des groupes de lecture hermétiques. La méritocratie était mon tyran personnel. C'est pourquoi aussi j'ai eu tant de mal à déceler ce qui n'allait pas dans mes sujets de recherche obsessionnels. Mes dadas de l'époque – monomanie, jalousie, ascétisme – me protégeaient du vaste monde. J'aimais mon univers fermé de livres et d'idées. Je ne voulais pas des « tribunaux supérieurs » de James ; en fait, je ne voulais rien qui déborde de ma lutte pour m'affirmer. Et j'étais capable de rationaliser cette posture en me persuadant que ce n'étaient pas là des visées égocentrées, mais des moyens d'accéder à un monde platonicien plus essentiel. À présent que je recherche (dans la vie ou dans les livres) le genre de personnes qui font l'admiration de James pour leurs actions remarquables bien qu'invisibles, je comprends à quel point dépasser les apparences peut être dérangeant et, c'est terrible à dire, chronophage. Se passionner pour la vie des autres, absorber leurs histoires, leurs différences, élargit notre monde, mais cela tend aussi à perturber ses lignes droites. James qualifie ainsi les personnes qui suivent ces routes sinueuses de bienveillantes et généreuses. Elles n'ont pas de prestige, sont souvent « délaissées ». Peu importe. Comme le souligne James, elles sont « tout autant des réalités que moi [...] » et « sont de cet excellent monde comme les parties sont du tout ». Elles qui demeurent inaperçues (James note « l'incertitude fréquente des frontières » de leur moi) sont souvent paradoxalement les plus attentives aux autres.

> Elles éprouvent je ne sais quel ravissement très délicat à penser qu'en dépit de leurs maladies, de leurs revers [...], elles sont cependant de cet excellent monde comme les parties sont du tout, qu'elles

> participent fraternellement à la force des chevaux d'omnibus, au bonheur des jeunes gens, à la sagesse des vieillards, et que même elles ne sont pas sans avoir quelque part à la prospérité des Vanderbilt, voire des Hohenzollern[3].

James voit ces personnes peu favorisées non comme des victimes, mais comme les membres à part entière d'un monde qui leur appartient autant qu'il appartient aux Vanderbilt. Il souligne le lien entre eux et les personnes plus « prestigieuses » qui ont bénéficié de leur contribution. Ils ont joué un rôle important dans la bonne fortune des puissants. Il n'y aurait pas de Hohenzollern sans eux. Mieux que cela : eux qui ont rendu le monde plus agréable pour les autres, bénéficient aussi de cette plénitude. James refuse la distinction entre haut et bas, entre perdants et gagnants. Décomposer le monde de façon aussi manichéenne ne nous a pas seulement divisés, mais a escamoté le tissu conjonctif fondamental qui nous unit.

Je sais que c'est beaucoup demander de cesser de juger les autres en fonction des avantages qu'ils nous procurent. Quel attrait, en effet, conservera l'autre s'il n'a rien de tangible à offrir ? La joie qu'on retire de ce monde provient, pour une grande part, de notre capacité non seulement à nous protéger, mais aussi à nous opposer à tout ce ou ceux qui se mettent en travers de notre chemin. La lutte pour occuper le devant de la scène occulte ce qui se passe dans les coulisses. Les personnalités récessives sont en bas de l'échelle du prestige. Elles s'investissent en général dans des actions discrètes, non remarquées. Dans un entretien sur la méritocratie, Sandel cite L'Ecclésiaste (9:11), pour rappeler à ses lecteurs que les gens les plus en vue, les « gagnants », ne sont pas nécessairement les plus louables. Ce que nous attribuons si souvent au mérite n'est rien que de la chance.

> J'ai encore vu, sous le soleil, que la course n'est pas réservée aux plus rapides, ni la guerre aux hommes vaillants, ni même le pain aux sages, la richesse aux intelligents. Ils dépendent tous des circonstances, favorables ou non.

Avoir une idée aussi claire de qui mérite les bravos et les médailles nous empêche de considérer les sans-grade, d'ouvrir les yeux sur l'illusion selon laquelle le succès découlerait uniquement du talent, serait auto-produit et autosuffisant. Sandel conteste cette représentation viciée de la liberté. Elle exerce « une grande force d'attraction car à première vue elle semble conférer du pouvoir à l'individu… mais c'est un leurre. Elle mène en réalité à une méritocratie consistant en un marché compétitif, qui ne fait que s'intensifier, qui divise les gens et abîme la solidarité »[4]. Vouloir l'emporter sur les autres est effectivement contraire à l'esprit de solidarité. Mais ce n'est pas une fatalité. Je n'écris pas ce livre pour l'emporter sur mes collègues, mais parce que je veux comprendre les luttes internes qui rendent l'*assez bien* si compliqué, si contre-intuitif, si audacieusement peu ambitieux. Sandel a raison : comment puis-je affirmer que ces pages sont le seul produit de mon mérite personnel ? En réalité, elles s'enracinent dans tant de conversations, de désaccords, de chances, de déceptions. La tyrannie du mérite est tout autant celle de la vanité que de l'insécurité. Trop désireuse d'assimiler mon travail à un mérite qui n'appartienne qu'à moi, j'en ai oublié que j'étais « de cet excellent monde comme les parties sont du tout ».

L'assez bien et la mentalité de troupeau

À un moment de son cheminement complexe, Nietzsche se détourna de l'association classique de la vertu et du juste milieu pour réassigner la médiocrité aux échelons inférieurs de la société, à un groupe qui *éprouve* plutôt qu'il ne *comprend* la satisfaction. Nous sommes ici bien loin de la *sophrosynè* aristotélicienne – terme qui, comme nous l'avons vu, désigne la vie bonne, modérée ; qui considère le juste milieu comme une vertu à part entière, quasi divine. Pour Nietzsche, ceux qui pratiquent la prétendue « médiocrité heureuse » sont incapables de jouir de l'expérience pour elle-même. Contrairement à ses « happy few », ces « heureux élus » caractérisés par leur force vitale, leur caractère passionné, les premiers détestent le risque, pelotonnés dans l'immobilisme et l'autocomplaisance. Non sans sarcasme, Nietzsche suggère aux grands esprits d'être reconnaissants envers ces gens médiocres ; lesquels, en effet, fournissent le terrain stable sur lequel les « happy few » peuvent se développer, avec leur goût du hasard et du risque. Comment l'exceptionnel pourrait-il exister sans le médiocre ? Le génie, la culture supérieure bénéficient de ce faire-valoir. Une culture élevée, ajoute Nietzsche, « est une pyramide : elle ne peut reposer que sur une base, elle a pour condition première une médiocrité fortement et sainement cimentée[5] ». Les attaques anti-américaines proférées par Stendhal, Frances Trollope et dans une certaine mesure Tocqueville visent aussi cette vaste base, désignée comme la cause de la « médiocrité » de l'Amérique. Dans le fameux chapitre de *De la démocratie en Amérique* intitulé « De l'omnipotence de la majorité », Tocqueville note qu'aux États-Unis, la majorité « se charge de fournir aux individus une foule d'opinions toutes faites[6] ». Les masses pourvoyeuses de clichés sont reléguées au bas de la pyramide, où elles soutiennent et épaulent les valeurs « nobles » et originales.

À cet égard, il importe de rappeler combien la lutte opposant l'élite aux prétendus médiocres s'ancrait dans la croyance profonde selon laquelle les gens « ordinaires » avaient peu d'inclination pour les beaux-arts ou l'esthétique d'une façon générale. Ces derniers étaient supposés suivre et imiter, chercher à reproduire plutôt qu'à transcender le quotidien. Baudelaire, Flaubert ou encore Wilde ont fait de l'autonomie de l'artiste le signe même de l'excellence. Ils ont défendu une forme d'art qui osait bousculer les conventions et inventer des formes nouvelles. L'art mauvais, au contraire, tout comme la vie bourgeoise, se contentait d'imiter, enfermé dans la zone grise de la répétition. Le génie et la *mimésis* étaient incompatibles. Il y a, au demeurant, une grande différence entre simplement passer pour un médiocre et s'efforcer d'en devenir un (comme nous le verrons avec Tolstoï, par exemple). Le Charles Bovary de Flaubert n'a même pas idée d'une telle notion, trop occupé à se gaver béatement sans voir son mariage péricliter. Emma Bovary, inversement, se référant aux personnages « exceptionnels » qu'elle a fréquentés dans les romans, développe une phobie de la médiocrité, exaspérée par le bonheur tranquille qu'affiche constamment son mari, qu'elle méprise de ne pas vouloir davantage que ce qu'il a. Flaubert navigue sans complaisance entre ces deux types de médiocrité, sans se fixer sur l'une plutôt que l'autre. Charles est indolent et imbécile ; Emma est sous l'emprise de minables idoles qu'elle prend pour des divinités ; Flaubert, quant à lui, est obsédé par la phrase parfaite, son antidote infaillible contre la médiocrité :

> La médiocrité chérit la règle, moi je la hais ; je me sens contre elle et contre toute restriction, corporation, caste, hiérarchie, niveau, troupeau, une exécration qui m'emplit l'âme, et c'est par ce côté-là peut-être que je comprends le martyre[7].

Considérant que la vie n'est que désordre et imperfection, Flaubert n'avait d'autre choix que de chercher la perfection dans l'art. L'idée que ses romans pussent être *assez bons* eût été une insulte à sa relation particulière à l'écriture. « Pour ne pas vivre, je me plonge dans l'Art, en désespéré », lit-on dans sa correspondance. Dans la vie comme dans l'art, l'insatisfaction et le perfectionnisme épuisaient littéralement l'ermite de Croisset.

Les saillies de Nietzsche contre la mentalité dite « de troupeau », sa campagne contre les tenants de « l'idéalisation » bourgeoise de la médiocrité, viennent de ce qu'il considère l'esprit médiocre comme ayant émoussé en lui la douleur et la joie extrêmes, et remplacé l'excellence par l'expertise. Ces « hommes de niche », comme les appelle Nietzsche, sont des figures grincheuses qui voudraient « bannir chacun dans son recoin et sa "spécialité" »[8]. Comment des personnages aussi conventionnels pourraient-ils en effet atteindre la grandeur quand ils ne cherchent qu'à se copier les uns les autres, liés entre eux dans leur multiplicité et leur pluralité ? Inversement, l'excellence est fondamentalement singulière. À ces esprits conformistes, Nietzsche prédit une vie brève et sans grande ambition. « Pour le médiocre, être médiocre est un bonheur ; la maîtrise en un seul domaine, la spécialisation est pour lui un instinct naturel. » La nature d'un tel bonheur est suspecte ; il ne fait aucune part à l'imagination :

> C'est la nature [...] qui sépare les uns des autres ceux chez qui prédomine l'esprit, ceux chez qui prédomine la force des muscles et du tempérament et les troisièmes, chez qui ne prédomine ni l'un ni l'autre, les médiocres, – ces derniers constituant le grand nombre, les premiers l'élite. [...] Ils constituent l'espèce d'homme la plus respectable : cela n'exclut pas qu'ils soient aussi celle qui a le plus de belle humeur, la plus aimable. Ils dominent, non en vertu de ce qu'ils veulent, mais en vertu de ce qu'ils *sont* ; ils ne sont pas libres d'être des seconds. [...] La vie devient de plus en plus rude à l'approche des *sommets*, – le froid augmente, la responsabilité augmente. [...] Pour le médiocre, être médiocre est un bonheur ; la maîtrise en un seul domaine, la spécialisation est pour lui un instinct naturel. [...]. [La médiocrité] est la nécessité *première* pour qu'il puisse y avoir des exceptions : elle rend possible une culture élevée[9].

Notez que les « happy few » de Nietzsche ne sont pris dans aucune compétition, ne se soucient d'aucun classement. Dénués de ressentiment, ils sont foncièrement incapables d'occuper le second rang ; même en s'y efforçant ils ne le pourraient pas. Ils ne sauraient être écrasés ; libres de se réinventer à leur guise avec brio, ils échappent aux catégories rigides. Tout au contraire, les « médiocres » selon Nietzsche sont tout sauf libres. Ils sont rivés à des tâches arbitraires ; ce sont des exécutants plutôt que des artistes ou des penseurs, prisonniers d'une discipline. Privés des outils de leur spécialité, ils ne sont rien. En somme, la personne moyenne imite, copie tandis que la personne supérieure est un franc-tireur, unique en son genre, insoumis aux contingences pratiques et échappant à toute classification. Cette conception extrêmement romantique de l'excellence, de la singularité ignore complètement les nuances, les mystères des supposés spécialistes, professionnels de « l'artisanat, [du] commerce, [de] l'agriculture[10] ».

Emerson et Nietzsche : contre la médiocrité

Lorsque Nietzsche lut le « Self-Reliance » (Confiance en soi) d'Emerson dans sa traduction allemande, il fut notamment séduit par le conseil d'« avancer seul ». Affirmant ne s'être jamais autant « senti chez lui dans un livre », Nietzsche approuva le portrait au vitriol qu'Emerson faisait de « l'imitateur », cette figure pitoyable condamnée à une incorrigible médiocrité :

> [Dans la société] la vertu la plus prisée est le conformisme... Elle [la société] n'a qu'aversion

pour la confiance en soi. Elle n'aime pas les réalités et les créateurs mais les noms et les usages[11].

Le conformisme est la bête noire d'Emerson, qui signifie la domestication d'une individualité trop timorée pour défier ses limites. Avoir confiance en soi veut dire prendre des risques, sortir de sa zone de confort. Emerson incitait ses lecteurs à affronter et admonester « la piètre médiocrité et l'abjecte satisfaction de notre époque[12] ». Il n'y a guère d'ambiguïté dans son mépris de l'homme moyen : il n'y voit que la transfusion passive d'idées toutes faites, et surnomme le « farfadet des esprits pusillanimes » l'esprit de cohérence stupide de ces âmes sans envergure. Autant dire qu'on est à mille lieues de la notion d'*assez bien.* J'aurais volontiers adopté cet individualisme intransigeant durant mes études. Mettre en pièces les idées confortables signifiait non seulement s'opposer à la tendance majoritaire, mais aussi tenter de récuser les compromis les plus lâches et les plus ennuyeux. Aujourd'hui, je vois combien Emerson passait à côté d'une autre forme d'acceptation – que j'appellerais *suspended benevolence* : un mélange de bienveillance à la française et de suspension du jugement, un concept qui combine la générosité et l'attention. C'est une disposition, une inclination, une certaine façon de traiter l'information sans forcément y réagir. Autrefois, assurément, j'étais du genre à rejeter toute disposition génératrice de gaieté, préférant suivre la voix d'un étrange démon impitoyable envers tout ce qui n'était pas parfait. Je n'avais nulle envie d'apprendre à mieux observer, à être patiente. Je ne savais pas comment assimiler ce qui était moins évident, plus mesuré. Si j'avais compris les choses différemment, peut-être aurais-je saisi qu'il existe des alternatives sérieuses aux pratiques grégaires discréditées par Emerson et Nietzsche. L'engagement désengagé, l'attention sans jugement… Ne peut-on être présent sans être dominateur, rester neutre sans être lâche ? Les êtres supposés « lâche[s], craintif[s], mesquin[s], [ceux] qui ne pense[nt] qu'à l'étroite utilité » étaient les ennemis de Nietzsche. Ils étaient donc nécessairement les miens aussi. Mais qu'est-ce que j'y connaissais, au fond, à l'étroite utilité, à l'autodépréciation, et pourquoi tout cela venait-il se nourrir de ma peur de ne pas être à la hauteur ?

Pourquoi le jugement porté par Nietzsche sur ceux qui se compromettent est-il à la fois si séduisant et si réducteur ? C'est qu'il pose sur ces personnages « insignifiants » un regard surplombant, définitif, leur retirant toute chance d'apparaître, pour reprendre l'expression de Woolf, comme autre chose que de « grotesques caricatures ». Nietzsche fusionne un peu trop cavalièrement le moi public et le moi privé comme s'ils étaient une seule et même entité. Comment le penseur qui avait si brillamment analysé la dualité des personnages réels comme fictionnels (lui qui avait compris l'importance des *Carnets du sous-sol* de Dostoïevski), qui fut l'un des premiers philosophes à reconnaître combien nos pensées intimes sont changeantes et inconnaissables, comment ce même Nietzsche pouvait-il généraliser ainsi et émettre des jugements aussi catégoriques sur l'insignifiance ?

Toutefois, le rapport de Nietzsche à la médiocrité allait changer. Il n'y a rien de très surprenant, au demeurant, à ce que pour finir, cet homme qui prit ses distances avec une famille répressive, qui quitta l'université pour travailler en solitaire, qui courtisa des femmes inaccessibles, qui était sujet à de violentes sautes d'humeur, qui publia à son compte des livres jamais lus de son vivant, qui tantôt glorifiait tantôt raillait l'excellence, tour à tour méprisant et exaltant l'acceptation, rien de surprenant, donc, à ce que cet homme change d'avis quant à la prétendue médiocrité. Ainsi, dans son dernier livre, *Ecce Homo*, vantait-il joyeusement l'*amor fati* (l'amour du destin) – ce qui le rapprochait non seulement d'une attitude de tolérance, mais aussi d'une attention au présent intense, voire passionnée. On l'aura compris, j'utilise ici le revirement profondément torturé de Nietzsche pour éclairer mon parcours personnel, mais comment ne pas être séduit par cette surprenante affirmation : il ne faut « rien demander d'autre, ni dans le passé, ni dans l'avenir, pour toute éternité. Il faut non seulement supporter ce qui est nécessaire et encore moins le cacher [...], il faut aussi l'aimer[13] ». Ce qui me touche particulièrement dans cette citation est la décision du philosophe de ne pas dissimuler son passé, fût-il *pas assez bien*. Que faire alors des erreurs qui ont été faites, des espoirs brisés ? L'astuce serait de minimiser ce qui a pu nous apparaître à l'époque comme catastrophique, destructeur, en voyant plutôt le beau dans le nécessaire. Six ans avant *Ecce Homo*, Nietzsche guidait déjà ses lecteurs vers une suspension du jugement :

> Je veux apprendre toujours davantage à considérer comme la beauté ce qu'il y a de nécessaire dans les choses : – c'est alors que je serai de ceux qui rendent belles les choses. [...] Je ne veux pas accuser ; je ne veux même pas accuser les accusateurs. *Détourner mon regard*, que ce soit là ma seule négation ! Et, somme toute [...], je veux, quelle que soit la circonstance, n'être une fois qu'affirmateur[14].

Pour que nous apparaisse la beauté des choses ordinaires, il faudrait que le monde soit moins divisé entre le haut et le bas, le beau et le laid. Nietzsche, qui fut si souvent dans le camp opposé, plaide finalement pour que nous cessions les accusations, la négativité, cela afin que s'ouvre un espace où puisse advenir le *bien* potentiellement caché sous nos yeux. « Apprendre à considérer comme la beauté ce qu'il y a de nécessaire dans les choses » est une sacrée injonction. Opérer ce changement dépend de la volonté de chacun. La question de la médiocrité et de *l'assez bien* constitue un terrain si sensible, si vif que, tout au long de l'écriture de ce livre et selon l'état dans lequel je me trouve (euphorique ou abattue, fière ou réservée), mon avis sur la question va et vient, avance et recule.

Le Haut et le Bas

Si Emerson prenait ses « happy few » dans le monde céleste de l'art et de la philosophie, certains écrivains et philosophes vont chercher leurs leçons de vie dans le monde des objets et de l'artisanat – avec des résultats mitigés. Ils se tournent vers le monde matériel pour mieux démocratiser l'inspiration, sortir du royaume platonicien des idées et de l'abstraction. Prenez Wittgenstein : ses expériences architecturales, selon certains, l'ont radicalement changé en tant que philosophe. Non qu'elles aient fait de lui un artisan, mais elles l'ont aidé à marier l'abstrait et le concret, son langage se trouvant coloré par son contact avec la matière. Comme il le ferait en jardinant ou en enseignant, Wittgenstein cherchait à se soustraire aux écueils du privilège – qu'il soit intellectuel ou social. Comment mieux mettre en cause les préjugés quant à la hiérarchie des activités qu'en travaillant de ses mains, en enseignant à des enfants défavorisés au lieu de faire cours dans de prestigieuses universités ? Alors qu'il était considéré comme l'un des plus grands philosophes vivants, il voulait brouiller la frontière entre le haut et le bas, le prestige et l'austérité. L'aristocrate qui avait vécu dans l'une des demeures les plus majestueuses de Vienne vécut le plus simplement du monde dans un village perdu des montagnes de Basse-Autriche. Mais une telle autoflagellation, dont l'intention de départ était de se mettre au niveau des populations locales, ne fit en réalité qu'accroître le fossé entre eux, le rendant encore plus curieux et hors norme. À l'instar de Tolstoï, comme lui issu de la grande aristocratie et l'un de ses maîtres spirituels, il s'essaya à une vie simple, espérant une quelconque forme de rédemption via cette variante de l'*assez bien*.

Voyons comment Tolstoï s'efforça aussi, par tous les moyens, d'être un homme ordinaire. « En sa personne, écrivit le philosophe Chestov, nous avons l'exemple unique d'un génie s'évertuant à tout prix à être comparé à un homme médiocre, à devenir médiocre lui-même[15]. » Les efforts de Tolstoï pour *ne pas* faire exception, ne pas se laisser aller à la vanité malgré sa notoriété, le conduisirent à adopter quelques principes typiques de l'ascétisme : reniement et haine de soi, mépris des caprices de la renommée et de la reconnaissance, imprécations contre le corps, vu comme le siège des désirs les plus vaniteux. Autant de répugnances qui devinrent de véritables obsessions pour l'auteur de *Guerre et Paix*. Mais là encore, le désir de disparaître, de ne pas être remarqué, de rester anonyme, quelconque, ne fit qu'accroître sa particularité. Plus il s'efforçait de disparaître, de se fondre dans la moyenne, plus il échouait, attirant l'attention sur son altérité radicale. La médiocrité volontaire est ainsi une notion en soi contradictoire. Si vous y *aspirez*, alors vous ne l'*êtes* précisément pas. Dans le cas de Wittgenstein comme dans celui de Tolstoï, ni le reniement de soi ni la pratique du travail manuel n'apportèrent la délivrance désirée. Seuls les esprits complexes s'efforcent d'être simples et naturels.

Je vous l'ai confié plus haut : par ignorance et sentiment d'insécurité, lorsque j'étais encore étudiante puis jeune enseignante, je me vouai à tout ce qui était abscons et intellectuellement hermétique. Penser avec mes mains était inenvisageable. Mes héros et mes héroïnes étaient des penseurs de haut vol, que souvent même j'avais peine à comprendre. Je me souviens d'une scène : j'étais attablée à un café avec quelques camarades doctorants, nous discutions d'un ouvrage extrêmement touffu de Jacques Lacan. J'étais morte de trouille que le groupe perce à jour mes limites. J'avais préparé quelques phrases toutes faites, tirées d'un volume philosophique, lorsque j'aperçus à la table voisine une personne qui nous regardait. Je fus soudain emplie de honte. Non plus la honte d'être jugée stupide, mais celle d'être ridiculisée comme une personne prétentieuse, se donnant des airs de grande intellectuelle. Ce moment me hanta longtemps. C'était le heurt de sensibilités contradictoires, la prise de conscience soudaine que, quelque posture que j'adopte, ce n'était qu'une façade. Ce groupe de lecture, si convoité par les autres étudiants, ne consistait qu'à prendre une pose, jouer à être une érudite. Je ne voulais pas de ce rôle, mais je n'étais pas prête non plus à y renoncer.

Les séminaires de troisième cycle étaient souvent une vraie torture. Pour beaucoup, nous délaissions les romans à intrigue au profit de l'écriture plus expérimentale de Joyce, Musil et consorts. J'allai si loin dans cette direction que j'intitulai ma thèse *Difficulty as an Aesthetic Principle* (De la difficulté comme principe esthétique). Elle portait sur des auteurs qui rompaient avec les genres populaires de la littérature du XIXe siècle. Le roman-feuilleton était leur bête noire. Aux intrigues haletantes, aux idylles amoureuses, ils préféraient largement les longues descriptions essoufflant le lecteur. Je m'intéressais aussi aux écrivains qui avaient été adoubés par les « grands » critiques. Les critiques allemands, notamment, étaient mes grands prêtres, dont je collectionnais fiévreusement les interminables ouvrages. Je me revois passer de longues heures dans un fonds d'archives viennois, sur les traces d'Adalbert Stifter, auteur que Nietzsche loue comme étant glorieusement ennuyeux. J'attrapai une jaunisse, assez fière de voir mon ascétisme déboucher sur une vraie maladie. Je nouai amitié avec la dépression, et c'était dans l'ordre des choses. Quand on vit pour une cause noble, on ne s'attend pas à être heureuse. Je suis un peu dure avec moi-même, toutefois, en me taxant de snobisme intellectuel : j'agissais plutôt dans la lignée d'un Wittgenstein, qui voulait souffrir pour laver les péchés de ses ancêtres (ce qu'à l'époque je considérais comme une forme d'ascétisme) ; je pensais ainsi me protéger de ma médiocrité intérieure, que je redoutais et combattais plus que tout depuis l'école primaire. Un jour, j'ai surpris une personne de ma famille parler de moi en ces termes : je n'étais qu'un bas-bleu, je faisais erreur en choisissant une carrière académique aussi austère. J'y vis un signe positif. Si ma futile tante désapprouvait mes choix, alors c'est que j'allais dans le bon sens.

Je voulais me sacrifier pour le grand art, la philosophie la plus pointue. Je croyais sincèrement que pénétrer ce territoire d'élection me protégerait contre mon démon de l'insécurité, mes tendances dépressives. Rétrospectivement, je ne suis pas très sûre que cela ait marché. En fait, je suis même sûre que non. Je devais sembler tellement rigide en expliquant pourquoi le grand art, l'abstraction étaient salvateurs. Sans doute voulais-je me justifier d'avoir choisi une vie fondée sur la réflexion *vs* la consommation. Me prenais-je pour un genre de Don Quichotte, bataillant vaillamment contre l'art bas de gamme, alors que je ne combattais rien d'autre que mon propre sentiment d'imposture ? Ce n'est pas tant que je ne remarquais pas les merveilles discrètes qui m'entouraient, mais *j'empêchais* mes yeux de les voir. Afin de me démarquer, de ne pas être invisibilisée, j'ai opté pour une esthétique de la pureté, qui n'avait pas été « contaminée » par le commerce ou le plaisir facile. À y repenser aujourd'hui, des années plus tard, je réalise que j'aurais volontiers qualifié de « pitoyables » ceux qui n'avaient pas « sacrifié » leur vie sur le maître-autel de la littérature. Cette épithète, qu'Hillary Clinton appliqua non sans polémique aux partisans de Donald Trump lors de l'élection présidentielle, vient à point nous rappeler combien il est dangereux de réduire le monde à une lutte manichéenne. Mon aspiration à un esprit *pur*, mon rejet de toute sentimentalité concrète m'ont tenue à distance du quotidien, comme autant d'obstacles me privant de ses richesses.

Chapitre 6

Art et artisanat, même combat ?

C'est le sociologue Richard Sennett qui m'a fait comprendre le fond de mon obsession pour l'abstraction par opposition à la réalité quotidienne. En vertu de quoi tenais-je à séparer aussi radicalement l'art de l'artisanat, le penseur du faiseur ? Woolf l'explique bien dans *Une chambre à soi* :

> Toute cette chicane d'un sexe contre un sexe, d'une qualité contre une qualité ; toute cette revendication de supériorité en imputant de l'infériorité, tout cela relève de la cour d'école de l'existence humaine, où il y a des « côtés », et où il est nécessaire pour un côté de battre l'autre, et de la plus haute importance de grimper sur une estrade et de recevoir des mains du Maître lui-même un pot finement ornementé[1].

Woolf ne nous dit pas que nous sommes tous également talentueux ou insignifiants. Elle déplore le besoin manichéen « pour un côté de battre l'autre », de recevoir le premier prix des mains d'un maître omniscient. Accepter que l'art et l'artisanat fassent partie d'un même continuum met fin à la pernicieuse « revendication de supériorité » imputant dans le même temps de « l'infériorité ». Sennett, notamment dans *Ce que sait la main*, efface la dichotomie entre le génie supérieur et l'artisanat inférieur. En abolissant la frontière entre le noble et le « trivial », il élève l'expertise manuelle au niveau de l'inspiration, avançant que la minutie et le soin apporté à son travail relèvent pleinement de la créativité. Si seulement j'avais assimilé ce message plus tôt ! Ce qui ne veut pas dire que je regrette de ne pas m'être mise à faire mon pain ou de ne pas avoir pris des cours de poterie. Simplement, comprendre qu'il y a différentes façons de penser m'aurait sans doute conduite à faire d'autres choix, moins strictement cérébraux et propres à flatter mon penchant mélancolique.

Rien ne nous apprend à vivre ensemble avec plus d'attention et de responsabilité, soutient Sennett, que l'engagement qu'exige l'artisanat. Loin de considérer les tâches manuelles comme serviles, il souligne le fait qu'elles contribuent à brouiller les frontières artificielles entre succès et échec, à nous faire prendre conscience d'une « capacité de bien travailler assez bien partagée », et nous interdisent de « gonfler les petites différences de degré en grandes différences de nature [2] ». Il ne faut pas confondre le médian et le médiocre, ni se laisser abuser par ces « frontières artificielles » qui altèrent notre capacité d'observation. Le terme « médian », comme dans l'expression « ligne médiane », qui sépare deux voies sur une route à double sens de circulation, désigne un certain espace sans connotation négative, tandis que « médiocre » est un terme inévitablement chargé d'une idée d'infériorité. Les propos de Sennett sont inspirants. Moi aussi j'aimerais comprendre comment on fabrique les choses, comment la beauté émerge de la lente élaboration des objets. Mais cela est plus facile à dire qu'à faire. Et cela va-t-il vraiment me sevrer des jugements à l'emporte-pièce ? des catégorisations ? Le monde ne risque-t-il pas de devenir ennuyeux si tout y est mesuré, soigneusement évalué ? Ne se priverait-on pas du plaisir de la satire, honteux désormais de rire de tels personnages caricaturés dans les romans de Dickens, ou devant quelque émission humoristique de fin de soirée ? Enfin, pour être honnête, est-il tout bonnement possible de rompre avec l'habitude de voir la vie comme une nette alternance de hauts et de bas, de reliefs et de plateaux ?

Contre la théorie du grand homme

Un moyen d'élargir mon champ de vision pour y inclure les gestes imperceptibles participant d'un monde plus subtil serait d'établir une connexion mentale avec des consciences autres que la mienne. Pour Tolstoï, l'histoire est ainsi faite de centaines de petites choses, de décisions entrecroisées qui, en elles-mêmes, n'ont rien de remarquable. Pour comprendre l'issue tragique de la bataille de Borodino, n'allez pas chercher du côté de Napoléon ou du général Koutouzov. Imaginez plutôt les microdécisions, les petits actes de courage ou de lâcheté effectués par des milliers de soldats. Ces actions insignifiantes se sont cristallisées pour donner l'un des massacres les plus sanglants de la campagne de Russie.

> Et ce n'était pas Napoléon qui dirigeait la marche de la bataille, puisque de sa disposition rien ne fut fait, et que, durant la bataille, il ne savait pas ce qui se passait devant lui. Alors ce fait que des hommes se sont entre-tués s'est accompli non par la volonté de Napoléon, mais indépendamment de lui : par la volonté de centaines de mille hommes qui participaient à une œuvre commune[3].

Puisque nous en sommes à évoquer les aléas de l'histoire afin de mieux comprendre la notion d'*assez bien*, attardons-nous sur la charge d'Isaiah Berlin contre la « théorie du grand homme » de Thomas Carlyle : plutôt que de nous focaliser sur la biographie et les décisions de supposés grands personnages, nous ferions mieux de prêter davantage attention aux « hommes et aux femmes ordinaires », qui sont la véritable cause des événements :

> Plus les militaires ou les hommes d'État se trouvent haut placés dans la pyramide gouvernementale, plus

> ils doivent être éloignés de sa base, que composent ces hommes et ces femmes ordinaires, dont l'existence est l'étoffe même de l'Histoire ; par conséquent, plus faible sera l'effet produit sur l'Histoire par les paroles et les actes de ces personnages si lointains, malgré toute leur autorité officielle[4].

Tolstoï comme Berlin nous incitent à nous détourner des plus hauts échelons du pouvoir, des vastes fresques historiques, pour apprécier plutôt les individualités méconnues qui forgent l'Histoire. Ils ne nous demandent pas d'ignorer les grands récits épiques, mais de prendre conscience du rôle des gens apparemment ordinaires, qui ont préparé le terrain pour que d'autres atteignent à la gloire. Encore une fois, ce pas de côté n'est pas évident. Ce qui nous attire, ce sont les histoires des puissants, les flashs info aussi haletants que des films d'action. Nous aimons les ascensions fulgurantes et les chutes brutales ; nous sommes captivés par les exploits et les faillites.

Appliquer la théorie de l'Histoire de Tolstoï est plus difficile qu'il n'y paraît. Hors de la littérature, comment faire pour ajuster ma vision de façon à inclure les « personnages secondaires » qui, en toute discrétion, ont contribué à bâtir mon univers ? Ne serai-je pas toujours séduite par le spectacle des ascensions et des débâcles ? Dans *The Hidden Injuries of Class* (Les secrètes blessures de classe), co-écrit avec Jonathan Cobb, Sennett explore les moyens effectifs pour *changer* d'angle. Son livre vise à reconnaître et promouvoir la dignité sociale en appelant au dépassement du seul examen égocentrique de chacun par soi-même. Il soutient que la dignité pourrait être restaurée, le juste milieu déstigmatisé, si seulement nous parvenions à repenser notre relation au pouvoir. Et si nous nous occupions de soigner « la mésestime de soi plutôt que d'acquérir plus de pouvoir sur les choses et sur les autres personnes[5] » ? Ces signes de prestige ne perdraient-ils pas alors de l'importance pour laisser place à une forme de jugement très différente, valorisant les processus plus que les résultats ?

L'art de pocher le poisson

Je dois à des penseurs comme William James, John Dewey et Jane Addams de m'avoir libérée un peu plus de mon culte de l'abstraction et de la tyrannie du *jamais assez bien*. La première fois que j'ai entendu l'expression « conscience incarnée », j'ai frémi. Comment cette noble chose appelée conscience pouvait-elle être « contaminée » par la vie quotidienne, par le corps ? Et qu'est-ce qu'une « conscience incarnée » pouvait bien signifier ? Faire les choses bien, avec les moyens dont nous disposons ici et maintenant, interagir avec les autres : tout cela, apparemment, n'était pas trahir l'idéalisme, mais embrasser une réalité complexe et dynamique. Je commençais à comprendre ce que

John Dewey avait appris de sa femme Alice – à savoir que « ce qui auparavant n'était qu'objet de théorie » pouvait légitimement prendre « une signification humaine vitale et directe »[6]. Mais l'emprise de la *pensée* « pure » associée à ma dévalorisation systématique du *faire*, du *fabriquer*, de l'*observer* n'était pas si simple à abandonner. À l'époque, le discrédit jeté par Platon sur le monde physique changeant et instable ne me dérangeait pas. L'immatérialité avait même plutôt sur moi des effets thérapeutiques. Voulais-je vraiment apprendre à être attentive « aux qualités du tissu ou à la façon de pocher le poisson », deux exemples donnés par Sennett afin d'élargir la définition du « bon » ?

Or, comme je l'appris bientôt, pocher le poisson n'est pas qu'une affaire de compétence technique, un savoir-faire répétitif et sans âme. À en croire Sennett, au même titre qu'une œuvre d'art, cette faculté requiert également « le pouvoir de l'imagination[7] ». Et moi qui m'étais acharnée, et même avec zèle, à tenir ces deux domaines bien séparés ! Contrairement à Sennett ou à Alice Dewey, je ne voulais pas que le monde matériel « empiète » sur l'art. Comment la pensée pure pouvait-elle exercer son pouvoir rédempteur si elle était si facilement accessible, si elle sentait le poisson ?

Et puis, il y avait la querelle entre le grand art et le « simple » divertissement. J'enrageais contre Jeremy Bentham, qui mettait sur le même plan n'importe quel jeu d'adresse et la musique ou la poésie[8]. J'applaudissais au contraire John Stuart Mill, qui voyait là une « doctrine digne des pourceaux[9] ». Je prenais fait et cause pour ce rabat-joie d'Adorno – que je chérissais à l'époque –, qui me conseillait de me méfier de quiconque osait associer plaisir et art (« Qui cherche et trouve une jouissance dans l'œuvre d'art est un philistin[10] »). L'été, je me mettais ma famille à dos, en leur lisant des extraits sinistres des *Minima Moralia* sur les méfaits des bains de soleil. Plus ils bronzaient (pour ma part, je restais blanche comme un linge) et plus je les harcelais, les accablant de citations dans cette veine : « faire la sieste en plein soleil n'a rien d'agréable, il se pourrait même que ce soit physiquement déplaisant, et que cela appauvrisse l'esprit[11] ». Pour compter, l'art devait être extrêmement sérieux. Et c'était encore mieux s'il était sacrificiel et métaphysiquement sombre.

Je ne dis pas que les choses intellectuelles ne m'apportent pas toujours une consolation et un réconfort délicieux. Lisez-moi un passage de Wittgenstein, de préférence bien hermétique, et je serai soulagée de tous mes soucis prosaïques ! Comme l'écrit Baudelaire, c'est la sensation d'être *anywhere out of the world* qui nous élève au-dessus d'un présent *médiocre* :

> En es-tu donc venue à ce point d'engourdissement que tu ne te plaises que dans ton mal ? S'il en est ainsi, fuyons vers les pays qui sont les

> analogies de la Mort. – Je tiens notre affaire, pauvre âme ! Nous ferons nos malles pour Tornéo. Allons plus loin encore, à l'extrême bout de la Baltique ; encore plus loin de la vie, si c'est possible ; installons-nous au pôle. [...]
>
> Enfin, mon âme fait explosion, et sagement elle me crie : « N'importe où ! n'importe où ! pourvu que ce soit hors de ce monde[12] ! »

Je ne prétends certes pas rivaliser avec le spleen baudelairien, mais ses poèmes en prose m'aident à comprendre que le sentiment tenace de ne pas être à la hauteur s'ancre au départ dans un vide intérieur. Ensuite, cette carence et cette anxiété particulières s'attachent à quelque chose d'autre ou, plus dangereusement, à quelqu'un d'autre. J'éprouve peu à peu du ressentiment pour l'endroit où je me trouve, ou la personne avec qui je vis. Pourquoi ? Parce que ni l'un ni l'autre ne sont capables de me procurer cette sensation grisante d'évasion. Il ne s'agit plus de Tornéo ni de la Baltique, mais d'une soif confuse, d'un désir accablant pour un ailleurs insaisissable. Alors, je transfère ce fantasme sur quiconque est témoin de mon insatisfaction. Autrement dit, la médiocrité commence avec moi.

Ce que je découvre en écrivant est qu'il existe un lien fragile, peut-être même pathologique, entre ce vide intérieur et le sentiment du *pas assez bien*. La culture intellectuelle a toujours été pour moi une source de gratification. Mais ce qui nous vaut l'admiration d'une personne peut nous rabaisser aux yeux d'une autre. On a tôt fait d'oublier que la culture est un acquis, un héritage qui ne sort pas de nulle part. Nos goûts et nos aversions sont le fruit d'histoires complexes. Nous pouvons les instrumentaliser. Ils nous servent et nous desservent. Quoi qu'il en soit, en scrutant cette notion d'*assez bien*, je suis intriguée par les gens qui ne cherchent pas de validation auprès d'autrui, qui se tiennent en dehors de toute compétition. Quelle est ma réaction face à quelqu'un qui n'a pas l'air en quête de reconnaissance, qui se satisfait de l'ici et maintenant ? Suis-je frustrée par son manque d'ambition ? Jalouse et agacée de sa modestie ? Et si moi, j'ai besoin de reconnaissance, comment puis-je l'obtenir de quelqu'un qui semble se soucier comme d'une guigne de sa réputation, a fortiori de la mienne ?

Chapitre 7

Le snobisme et le jamais assez bien

Le snobisme n'est pas sans rapport avec la notion d'*assez bien*. Dans *Injuries of Class*, les ouvriers questionnés par Sennett et Cobb disent combien est complexe et délicat le processus menant à la validation. Les auteurs s'interrogent : peut-on cesser d'associer systématiquement le fait d'« être cultivé » avec une haute estime de soi ? Ou encore, comme on peut le lire en quatrième de couverture, pourquoi ne peut-on s'empêcher de mesurer « sa valeur à l'aune des existences et des métiers que notre société porte aux nues [1] » ? Nombre des personnes interrogées dans le livre contestent l'idée selon laquelle un haut niveau d'éducation doit toujours aller de pair avec honneur et respect. Pourquoi les « gros bonnets », les « gens qui ont fait des études » mériteraient-ils un tel respect alors que, dans leurs interactions quotidiennes, ils sont loin d'être des modèles d'humanité ? Ils, en revanche, ont travaillé dur, se sont taillé une réputation à force d'honnête labeur, mais les heures et les années investies ne leur ont jamais rapporté cette « haute » forme de respect. Autrement dit, quoi qu'ils fassent, ils ne seront jamais *assez bien*.

Pour la plupart des personnes interrogées dans *The Hidden Injuries of Class*, le travail manuel est simple et respectable. Ceux qui sont passés de la classe ouvrière à la classe moyenne regrettent souvent leur ancienne vie « honnête ». Le livre nous dévoile un phénomène qu'il ne faut pas confondre avec « l'incongruité de statut », notion que les sociologues définissent comme l'impression d'être « pris entre deux mondes ». Prenons l'exemple de ce témoin, qui regrette explicitement un « travail manuel », lequel conférait davantage de dignité à sa vie professionnelle :

> Rissaro pense que les personnes appartenant à une classe supérieure ont le pouvoir de le juger, parce qu'ils ont l'air d'être en eux-mêmes des êtres humains plus développés ; et il craint, parce qu'ils sont mieux lotis, qu'ils ne le respectent pas. Il se sent obligé de justifier son propre statut [...], de se mettre à leur niveau pour gagner leur respect. [...] En conséquence de quoi, il a développé un dégoût du travail effectué à la banque par ces gens éduqués, et le sentiment que le travail manuel est plus digne[2].

Selon Frank Rissaro, un Italo-Américain de troisième génération, cireur de chaussures dès l'âge de 9 ans, employé aujourd'hui dans une banque à classer des demandes de prêt, ses collègues plus diplômés sont respectés sans rien avoir d'admirable à produire, preuve que leur statut de personnes éduquées n'a pas suffi à les rendre honnêtes. Pourquoi ces gens sont-ils plus respectés alors qu'ils ne le méritent pas ? Rissaro se serait attendu à ce que les études aient fait d'eux des êtres plus attentifs à leurs interlocuteurs, de meilleurs êtres humains ; au lieu de quoi, il trouve que les anciens ouvriers devenus des collègues de bureau sont tombés dans ce que Hannah Arendt appelle « une société d'employés ». Être simplement employé à une tâche n'a rien à voir avec le fait d'incarner le potentiel humain de cette tâche. Chez ses collègues plus « diplômés » et plus florissants, Rissaro ne voit rien d'autre qu'« un type fonctionnel de comportement ». Pire, il identifie chez eux une relation faussée au travail. L'ambition, pour eux, se limite à trouver la bonne planque, plutôt que s'engager réellement dans ce qu'ils font. Rissaro s'efforce de prendre son parti de sa nouvelle situation. Pourquoi a-t-il abandonné son ancienne activité manuelle, qu'il respectait, pour une activité à laquelle il ne fait qu'« acquiescer » sur un mode « hébété », sédaté[3] ?

Ce que Rissaro juge être du mauvais travail, c'est-à-dire faire moins d'heures, les plus éduqués le considèrent comme leur privilège. Un simple symbole, qui ne fait que creuser l'écart entre l'aisance des uns et le malaise de l'autre. Mais comme le reconnaissent Sennett et Cobb, il était difficile de sonder la profondeur du trouble de Rissaro. Trop de couches à retirer, trop d'émotions à supprimer, trop de choses à exprimer dans une langue apparemment mal maîtrisée. Une chose est claire toutefois : Rissaro était parfaitement conscient que, lorsque différentes règles s'appliquent à des gens qui travaillent au même endroit (en l'occurrence, une petite banque), l'estime de soi a tôt fait d'être entamée. Un cadre peu clair, des horaires variables peuvent vous démolir, surtout lorsque l'entreprise s'arrange avec son propre règlement, exonérant plus ou moins tacitement les employés « éduqués » de pointer de 9 à 17 heures. Dans ces cas-là, les tensions s'intensifient et, avant même que l'on s'en aperçoive, un système de caste se développe, même au sein d'une entreprise relativement soudée comme celle de Rissaro. Il suffit que l'un des employés diplômés mentionne un livre ou un film dont les autres n'ont jamais entendu parler pour que l'estime de soi de ces derniers en prenne immédiatement un coup. Plane en effet sur leur vie la question de la dignité, de savoir si elle résistera au test de la « haute culture ». Dans la plupart des cas évoqués dans *Hidden Injuries*, la question la plus épineuse n'est pas l'inégalité économique, mais la honte sociale. Comment redonner de la visibilité à cette respectabilité douloureusement cantonnée à l'intime conviction, cette fierté pour une existence qui ne crie pas ses réussites sur tous les toits, si vous n'avez pas les codes pour inspirer une « haute forme de respect » ?

Emmanuel Bove et la solitude du succès

La question de la reconnaissance est centrale dans *Cœurs et visages*, un court roman d'Emmanuel Bove abordant les thèmes de la solitude et de la nature toute privée du succès. Bove, décédé en 1945, fut l'un des premiers à développer une esthétique de la médiocrité incitant ses lecteurs à changer de regard sur le pouvoir. Son génie fut de représenter le succès et l'échec d'un même ton neutre et dépouillé. Il légua à ses adeptes – Rilke, Gide, Soupault, Beckett, Ashbery et Handke, entre autres – un nouveau langage pour peindre des personnages investissant la zone grise entre l'accomplissement et la déroute. Le protagoniste de ce roman, un homme ordinaire nommé André Poitou, a travaillé dur toute sa vie pour gravir les échelons du monde des affaires, au point, en fin de carrière, de se voir décorer de la Légion d'honneur. Cette distinction, on ne s'en étonnera pas, est le grand événement de la vie de cet honnête bourgeois. Un fastueux banquet est organisé en son honneur, auquel toutefois il n'est guère remarqué. Les autres convives se montrent condescendants, prononcent des discours où ils ne parlent que d'eux, etc. Personne n'est apte ni disposé à reconnaître à Poitou son heure de gloire. À aucun moment de l'histoire il ne rencontre de réciprocité, n'expérimente ce que d'aucuns ont qualifié de « relation affranchie », de « danse conjointe » entre êtres humains reposant sur une possession réciproque[4]. Poitou, cela est évident, n'a jamais expérimenté ce genre de relation intime qui vous change la vie, de lien d'amitié propre à dissoudre les frontières du sujet. Mais, grâce à une intuition remarquable, quand il s'avise de ce manque de réciprocité lors de son grand soir, il trouve beauté et fierté dans un sentiment d'*assez bien*. À ce moment précis, André Poitou est gagné par la certitude que, en dépit, ou peut-être à cause des festivités, il est fondamentalement seul. Non seulement il accepte cette déconnexion, mais il la pousse à l'extrême. Il devient observateur ; il savoure le moment non pour son prestige, mais pour ce que lui en fait à l'instant présent. Il parvient à substituer à la performance sociale quelque chose de plus personnel : la joie autosuffisante d'avoir atteint l'excellence par lui-même, pour lui-même. Alors il se lève et s'adresse aux invités :

> Je vous remercie de tout cœur. Si j'ai désiré secrètement que vous soyez tous autour de moi, c'était pour que nous parlions en amis. À présent, je suis un peu gêné. C'est pour moi que vous êtes tous là. J'aurais mieux aimé, voyez-vous, que l'on ne s'occupât pas de moi. Enfin, je ne sais pas[5].

Son discours hésitant est à l'opposé de la démonstration d'éloquence attendue. Ses blancs contrastent avec un monde où les mots sont en excès. Poitou vient de réaliser qu'être décoré n'a rien à voir avec l'amitié. Peu importe ; qui n'a pas d'attente ne sera pas déçu.

Si je m'attarde sur ce roman en particulier, c'est parce qu'il illustre un rapport au succès qui ne dépend pas des autres. L'intérêt de l'histoire n'est pas seulement qu'un personnage obscur obtient la fameuse Légion d'honneur, mais que sa félicité, en fin de compte, est d'ordre intime, indépendante de l'interprétation de ce succès par les autres. Par petites touches, Bove souligne la ténuité de la ligne qui sépare l'ordinaire de l'exceptionnel. Il n'est pas rare que, dans l'effervescence de telle ou telle fête, l'invité d'honneur soit tout bonnement évincé. Lors de la remise d'une décoration, lors d'un hommage rendu à une existence entière, que sait-on de la façon dont l'intéressé vit l'événement ? Dans quelle mesure ce succès touche-t-il pour lui à l'essentiel ? Personne, à part le lecteur de Bove, ne sait que Poitou, si proche du juste milieu à ce moment-là, tient en équilibre la modestie et la fierté, l'engagement et le désengagement. Bove discrédite les « conceptions concurrentes de ce qui est important », pour finalement détruire notre idée de hiérarchie. Il salue les petites gens capables d'équilibrer le familier et l'extraordinaire ; de rester fidèles, dans un moment crucial, à leur passé, à leur moi premier supposément banal[6]. Les prétendus amis de Poitou sont incapables de le voir, lui, derrière sa gêne sociale. Cet embarras se fait complice de leur sentiment de supériorité : son manque d'assurance leur donne matière à faire de lui quelque chose de curieusement rassurant, quelque chose qu'ils peuvent sans plus se poser de questions taxer de médiocrité – intellectuelle et sociale. Bove met l'accent sur l'aveuglement de ces derniers à la sensibilité particulière de Poitou, laquelle ne se manifeste pas via les codes sociaux attendus. Pour ce faire, Bove joue sur le tempo narratif, ralentissant le rythme des passages soulignant comment nous observons et jugeons.

Comme l'a noté la philosophe Sandra Laugier, les qualités les plus importantes d'une personne (moralité, courage, honnêteté, etc.) sont inévitablement noyées sous la demi-douzaine de mots qui servent à les désigner. En effet, que pouvons-nous bien savoir sur la moralité d'une personne ou sa vie intérieure, lorsque nous sommes tributaires de mots aussi érodés et galvaudés que « bon », « bien », « vrai », « juste », pour décrire leur complexité ? Dans cette perspective, Emmanuel Bove se fait une spécialité de « détruire nos idées de ce qui est important », en faisant glisser notre attention du plus réputé au plus supposément ordinaire. Poitou, par exemple, n'a peut-être même pas remarqué l'indifférence et les jalousies mesquines de son entourage, mais ses manières modestes, sa gratitude deviennent en elles-mêmes des fins, des témoignages d'une forme de grâce rare. De cela, il fait naître une musique que lui seul peut entendre. Bove fait partager ce privilège à son lecteur. Et même si, aux yeux des autres, la scène paraît cacophonique et confuse, peu importe.

Éclairer les vies minuscules est le rôle de la littérature. La fiction nous apprend ce que c'est, que d'être constamment sur le fil entre existence et effacement. La fameuse phrase de Woolf sur les femmes qui publient anonymement ou sous pseudonyme (« Vraiment, j'irai jusqu'à dire qu'Anon l'Anonyme, qui écrivit tant de poèmes sans les signer, était souvent une femme [7] ») vaut plus généralement, pour un anonymat qui concerne nombre de gens. Quel héritage laisserons-nous ? Qui aura été sensible à notre vision du monde unique ?

Chapitre 8

Comment développer son imagination sympathique

Lorsque je repense à mes étudiants, à leurs suggestions pour élargir nos conceptions de la vie bonne, je dois remercier Emmanuel Levinas d'avoir, quant à lui, élargi ma définition de la personne. Levinas condamne le fait de juger autrui comme inférieur, il bannit les jugements hâtifs, où il ne voit que des raccourcis paresseux destinés à éviter des engagements éthiques plus complexes. Si nous jugeons si vite, suggère-t-il, c'est pour mieux réduire nos congénères à quelque plat personnage, plus facile à contrôler et, in fine, dont il est plus facile de se libérer :

> Aborder Autrui dans le discours, c'est accueillir son expression où il déborde à tout instant l'idée qu'en emporterait une pensée. C'est donc *recevoir* d'Autrui au-delà de la capacité du Moi ; ce qui signifie exactement : avoir l'idée de l'infini [1].

Notez les verbes : aborder, déborder, recevoir. Levinas est tout autant fasciné par ce qui semble nous séparer que par l'espèce d'intimité qui traverse les frontières de la différence. Un face-à-face digne de ce nom doit résister à la tentation de rabaisser l'autre. Il y a décidément des accents de bouddhisme chez Levinas, notamment dans son abandon d'un ego toujours prêt à dominer et à comparer. L'Autre n'est pas mon double, mais son propre sujet[2]. Les différences sont créatrices. Chez Levinas, les interlocuteurs idéaux ont trouvé un espace d'où observer le monde sans l'ordonner autour de leurs propres besoins. Cet « espace de sensibilité » se définit d'abord comme un lieu d'émerveillement et de pause[3]. Un tel programme peut facilement laisser sceptique. Dans quel monde utopique serais-je à même de laisser de côté mes différences, et non seulement de rester neutre mais de tolérer l'hostilité avec un sentiment d'émerveillement ? Est-ce que je tiens vraiment à pousser la tolérance aussi loin ? À quoi ressembleraient mes relations sociales si je cessais de faire connaître aux autres mes craintes, mes peines et mes espoirs ? Ne serait-ce pas là un monde insipide et ennuyeux ? Quoi qu'il en soit, pour Levinas, tout être humain est digne qu'on s'arrête pour lui, qu'on l'écoute.

Il ne s'agit pas d'embrasser naïvement l'harmonie du monde, mais de s'opposer à un monde bâti sur des impressions devenues trop vite des certitudes. C'est pourquoi, pour tout philosophe, même le quotidien est plein de réinventions perpétuelles ; même les formes d'interaction les plus banales peuvent générer de la transcendance, déboucher sur l'infini. L'espoir de Levinas est que nous nous ouvrions à de telles conversations, atteignant ainsi un point de rupture (avec l'ego) et un point de convergence (avec autrui) et nous sevrant de « l'addiction à notre propre personne ». Cette purification est fraternelle, elle conduit à une solidarité propre à rendre l'indifférence impossible[4].

L'une des pires violations de ce contrat tacite intervient dans les cours de justice. Citant Isaïe 11:3, Levinas souhaite qu'on « ne juge point d'après l'apparence, qu'on ne se prononce point sur un ouï-dire ». L'humain a été oublié et nous avons été dupés par des apparences ou des mots[5] :

> Il faut que je retrouve l'unique une fois la chose jugée ; chaque fois à nouveau et chaque fois comme un individu vivant et un individu unique, qui peut dans son unicité même, trouver ce qu'une considération d'ordre général ne peut pas trouver[6].

Très subtilement, Levinas nous invite à « redécouvrir » ce qui rend chaque individu unique. Il nous met en garde contre la tentative d'étouffer l'autre, comme si la censure ferme d'un de nos semblables s'apparentait à une condamnation à mort. En gravant notre jugement dans le marbre, nous rompons avec le contrat moral en vigueur, nous nous détournons de l'expérience du face-à-face, substituant à la possibilité d'un dialogue celle d'un verdict impersonnel. Mais, tout comme la foi de Levinas en la capacité rédemptrice infinie de l'humain est essentielle à la notion d'*assez bien*, elle exhibe aussi ses failles, soulevant la question : que serait un monde sans conflits ? Sommes-nous prêts à vivre dans un monde de zombies serviles ?

Si, comme le suggère Levinas, il est effectivement de notre devoir de rendre justice à des qualités ou à un potentiel de changement latent en chaque individu, cela veut-il dire qu'il nous faut mettre de côté les affronts passés, fermer les yeux sur les vexations et les insultes ? Levinas nous demande-t-il de vivre une vie suspendue, suffisamment ouverte pour nous inciter à « redécouvrir » l'ami dans notre ennemi, mais fermée aux jugements quand il faut agir et se positionner ? Pourquoi ne nous permet-il pas de déverser notre mépris sur un acteur injuste pour un acte injuste ? Et, à considérer cette éthique du pardon radicale à la lumière du sujet qui m'occupe dans ce livre, ne pourrait-on soutenir qu'une vie suffisamment bonne est dangereusement non engagée, voire timorée ?

Levinas donne de ces actes de pardon une explication thérapeutique : le pardon agit sur le passé, « répète en quelque manière l'événement, en le purifiant[7] ». Mais ces confrontations peuvent-elles et doivent-elles, surtout si elles sont traumatiques, être revécues et remaniées dans la perspective du pardon ? Pourquoi la responsabilité d'absoudre nous reviendrait-elle ? Et comment peut-on célébrer la personne qui nous a fait du mal, ou, pour revenir à notre sujet, qui nous laisse indifférents ? En vertu de quoi Levinas part-il du principe que nous possédons la sollicitude nécessaire pour promettre ainsi disponibilité et attention ? Non sans lien avec l'affirmation de Sennett quant à nos faiblesses, évoquée plus haut, Levinas voit dans l'impuissance générale humaine une ouverture, une brèche que seule notre « bienveillance » peut réparer. Non qu'il veuille nous détourner des sentiments puissants et viscéraux, mais il se méfie de notre tendance à tirer d'un événement singulier (être blessé et insulté par quelqu'un) une conclusion universelle (cette personne représente tel ou tel groupe, incarne tel ou tel défaut insupportable, est insignifiante ou au contraire imbue d'elle-même). Et de fait, comme dans le cas d'une rupture amoureuse, il est tellement plus facile de discréditer l'ensemble de la personne, l'entièreté de la relation ; tellement plus commode de réduire un tout complexe à une portion simplifiée, pour mieux tourner la page.

En raison de cette propension à laisser une personne à part entière se calcifier, perdre sa diversité, nous passons aisément à côté de ses traits de caractère les plus discrets et les plus fondamentaux. C'est pourquoi la défense par Levinas du singulier, sa méfiance envers toute forme de généralisation, vise avant tout à identifier et à nourrir ce qui, en chaque individu, ne saurait être synthétisé et ramené au noyau dur. Ainsi, il ne s'agit pas tant de pardonner l'impardonnable, que de tenter de considérer notre ami ou notre ennemi indépendamment de notre besoin de reconnaissance, de vengeance ou de divertissement. C'est pourquoi la tendance à juger quelqu'un comme médiocre est si dangereusement fataliste : c'est une façon de l'inclure dans notre propre fief défensif.

Le prestige et le perfectionnisme sont de fidèles complices. Le mépris envers quelqu'un qu'on ne juge pas assez bon s'ancre dans la relation qu'on entretient soi-même avec l'idée de réputation. Sans doute ne jugerais-je pas le manque de réussite de quelqu'un d'autre si je n'étais moi-même angoissée par ma propre réussite. Combien de personnes, qui considèrent leur vie comme décevante, voire comme un véritable échec, sont victimes de cette illusion ? C'est ce que le philosophe Iddo Landau nomme le présupposé perfectionniste :

> Nombre de gens soulignent [...] qu'ils ne sont pas absolument authentiques, [pas] absolument immunisés contre la pression de leurs pairs, [pas] absolument sincères, [pas] absolument exempts de motivations égoïstes, ni absolument courageux. D'autres soulignent [...] leur contingence, ou encore leur incapacité à être à la hauteur de ce

qu'ont accompli Churchill, Mère Teresa, Einstein ou Léonard de Vinci[8].

Une image de soi aussi peu assurée est liée à une conception radicale du succès et de l'échec. Ou bien l'on a une vie parfaite, auréolée de réalisations imposantes, ou bien l'on est déjà mis au rancart, pas assez bien, totalement méconnu. La frontière entre postérité et oubli, ajoute Landau, est souvent placée « tout près du pôle de l'insignifiance totale… ou tout près du pôle de la très grande importance[9] ». Landau a raison de reprocher aux perfectionnistes de ne pas voir « la valeur qui réside aussi dans la non-perfection ». Une réserve qui vaut aussi bien pour soi que pour les autres. Cette idée est exprimée avec force dans le roman de Vassili Grossman *Vie et Destin.* Il n'est qu'à voir le personnage d'Ikonnikov, dont le manque d'héroïsme accompagne la résistance à l'abstraction. S'il n'est pas mû par une grande idée comme celle du « Bien », son exemplarité repose sur de petites choses.

C'est ainsi qu'il existe, à côté de ce grand bien si terrible, la bonté humaine dans la vie de tous les jours. C'est la bonté d'une vieille qui, sur le bord de la route, donne un morceau de pain à un bagnard qui passe, c'est la bonté d'un soldat qui tend sa gourde à un ennemi blessé, la bonté de la jeunesse qui a pitié de la vieillesse, la bonté d'un

> paysan qui cache dans sa grange un vieillard juif. C'est la bonté de ces gardiens de prison qui, risquant leur propre liberté, transmettent des lettres de détenus adressées [...] aux femmes et aux mères. Cette bonté privée d'un individu à l'égard d'un autre individu est une bonté sans témoins, une petite bonté sans idéologie. On pourrait la qualifier de bonté sans pensée. La bonté des hommes hors du bien religieux ou social[10].

Grossman, comme Levinas, récuse une notion abstraite du bien, du mieux, du *pas assez bien*. La bonté d'Ikonnikov en fournit un parfait exemple. Elle n'a rien d'exceptionnel, c'est une manifestation infime de quelque chose qui paraît d'abord irréfléchi, voire accidentel. Jamais perçue comme telle, sa bienveillance découle d'une pratique personnelle de l'attention et de la connexion aux autres. Aucun principe éternel n'est ici à l'œuvre. Et il n'a nul besoin d'exhiber son comportement empathique. Que Grossman emploie les termes « bonté dans la vie de tous les jours », que l'on pourrait aussi traduire par « bonté ordinaire », ou « petite bonté » n'est pas anodin. Cela renvoie à son admiration pour Tchekhov, en particulier la nouvelle intitulée *Une banale histoire*.

Si la plupart de ces personnages « mineurs » semblent jouer des rôles accessoires, ils sont en fait le ciment invisible qui tient l'histoire, ajoutant profondeur et épaisseur à l'intrigue principale.

Ce qui importe n'est pas la non-importance qu'ils revêtent vue de l'extérieur, mais le fait qu'ils soient représentatifs de la *décence ordinaire* que nous venons d'évoquer. Grossman refuse de faire la distinction entre meilleur et moins bon. Quels que soient notre métier, notre nationalité ou notre religion, nous sommes tous avant tout des êtres humains :

> [Tchekhov] dit que l'essentiel, c'était que les hommes sont des hommes et qu'ensuite seulement ils sont évêques, russes, boutiquiers, tatars, ouvriers. Vous comprenez ? Les hommes sont bons ou mauvais non en tant que Tatars ou Ukrainiens, ouvriers ou évêques ; les hommes sont égaux parce qu'ils sont des hommes. [...]
>
> Commençons par l'homme ; soyons bons, soyons attentifs à l'égard de l'homme quel qu'il soit : qu'il soit évêque, moujik, industriel millionnaire, forçat de Sakhaline, serveur dans un restaurant ; commençons par aimer, respecter, plaindre l'homme ; sans cela, rien ne marchera jamais chez nous. Et cela s'appelle la démocratie, la démocratie du peuple russe, une démocratie qui n'a pas vu le jour [11].

Cette citation est extraordinairement empreinte d'humanité. Non seulement elle manifeste une conception égalitaire des appartenances professionnelles, mais elle nous incite en outre à nous considérer les uns les autres indépendamment des fonctions et des statuts. Pourquoi est-il si difficile de se trouver en présence d'une personne qui ne nous est d'aucune utilité ? Comment pouvons-nous ralentir le temps pour faire place à ce type d'attention ? Grossman comme Levinas défendent une approche fondée sur la suspension du jugement. Ils plaident pour qu'on réfrène les jugements hâtifs, s'ouvrant eux-mêmes à la souffrance et aux besoins particuliers des autres. Cette analyse de la pensée de Levinas fait écho au sentiment démocratique personnel qui traverse l'œuvre de Grossman :

> La rencontre avec le visage d'autrui n'est pas un acte de vision ; elle ne relève pas de la perception ni du jugement. Ce que j'ai en face de moi, ce sont le besoin, la détresse, la déchéance d'une autre personne, et je ne les vois pas, car pour l'instant, je ne vois pas du tout. Je ressens et je réponds. Je ressens la souffrance, et je donne ou pas [...], et mon ressenti, ma réponse et ma reconnaissance – ma prise en compte et mon acceptation – d'autrui sont tout un[12].

Levinas nous demande de nous défaire de nos automatismes pour nous ouvrir à une forme de vigilance propre à la bienveillance. C'est tout un processus : d'abord, on perçoit quelque chose que l'on ne peut pas tout de suite qualifier ; ensuite on reconnaît qu'il peut y avoir une relation ; enfin on accepte qu'il se passe là quelque chose de totalement humain mais délicieusement indéchiffrable. Ce processus, qui s'appuie sur des réactions viscérales et spontanées, réfrène notre prompt réflexe d'évaluation. Levinas ajouterait que, pour être digne de notre humanité, il nous faut prêter l'oreille, écouter avant de parler, analyser avant de juger. C'est cela, la fameuse « imagination sympathique », ce regard généreux porté par « une vision *pénétrante* » au « cœur des personnes et à la réalité de l'objet en soi [13] ». Une forme d'émerveillement est nécessaire pour imaginer, tel le poète pour Shaftsbury, « la forme et la structure internes des créatures, ses semblables ». Quand bien même nous en disposons, une telle sensibilité ne sera effective que si nous sommes disposés à nous projeter dans la vie d'un autre être, animé ou inanimé, renonçant au passage à notre propre importance. « Si un moineau vient devant ma fenêtre, je prends part à son existence et picore dans le gravier [14]. » Les adeptes de l'*assez bien* sont d'excellents picoreurs de gravier.

Si Levinas s'est attaché toute sa vie à éveiller et aviver notre imagination sympathique, c'est parce que sans cela, nous nous empressons de juger ceux qui ne sont pas « comme nous » ; ceux que, sans même nous en rendre compte, nous rejetons pour leur médiocrité. *Médiocre* : ce mot passe-partout est un raccourci trop pratique qui nous conforte dans la bonne image qu'on a de nous-mêmes. Cette étiquette dévalorisante annihile le mystère latent que Levinas nous demande d'honorer lorsqu'on rencontre autrui. Mais concrètement, comment faire pour cesser ces jugements à l'emporte-pièce ? Ne puis-je m'appuyer sur eux pour affirmer mon identité, aux autres et à moi-même ? Au même titre que les ragots et les bavardages, ne sont-ils pas de précieux outils pour cerner la configuration d'une salle, prendre la température d'une assemblée ?

Levinas pare à ces lieux communs en nous demandant d'établir une relation exigeante, intense et complexe. Combien de fois sommes-nous parvenus à accueillir un nouveau venu sans tenir compte de son statut, de ses vêtements, de ses origines, de sa popularité ? Comment pouvons-nous apprendre à voir le particulier au-delà des étiquettes bien pratiques et des premières impressions ? D'après David Hume, les impressions sont « les perceptions qui entrent avec le plus de force et de violence ». Y a-t-il un moyen d'éradiquer notre tendance à produire des jugements si violents ? Lorsque les cellules de notre cerveau génèrent des représentations spatiales, elles suivent ce qu'on appelle des cartes cérébrales, qui déforment ce qu'on voit. La neuroscientifique Rebecca Schwarzlose en donne pour exemple la façon dont certains visiteurs du Louvre perçoivent *La Joconde* :

> Sans qu'on en ait conscience, notre perception initiale grossit le nez et les lèvres, car ces éléments

du visage véhiculent des données cruciales quant à l'identité et les émotions de la personne. Ensuite notre cerveau compense cet effet de loupe, afin que l'on n'ait pas l'impression que les objets se gonflent et se dégonflent chaque fois que l'on tourne la tête. Tout cela se déroule en une fraction de seconde. En observant des patients atteints de telles ou telles lésions cérébrales, les scientifiques ont découvert qu'il existe une carte cérébrale spécifique et essentielle pour le traitement des images[15].

Sans forcer le parallèle, je dirais que dans mes interactions quotidiennes, je recours au même genre de procédés : compensation, grossissement et rétrécissement. Si nous exagérons les traits d'un portrait peint, comment notre cerveau pourrait-il ne pas déformer le visage humain, sans parler du caractère ou de la personnalité des gens ?

La façon dont je perçois le visage de la Joconde ne concerne que Léonard de Vinci et moi. Mais la façon dont je jauge le degré d'importance d'une personne, en lui collant une étiquette – remarquable ou négligeable ; intéressante ou sans intérêt – risque de la réduire à une misérable caricature, et d'avoir un impact en outre sur son image publique. Levinas nous suggère de « dégeler » notre regard, afin que le quotidien devienne moins réducteur, et plus vivable :

> Ce monde où la raison se reconnaît de plus en plus n'est pas habitable. Il est dur et froid comme

> ces dépôts où s'entassent des marchandises qui ne peuvent satisfaire : ni vêtir ceux qui sont nus, ni nourrir ceux qui ont faim ; il est impersonnel comme les hangars d'usine et de cités industrielles où les choses fabriquées restent abstraites, vraies de vérités chiffrables et emportées dans le circuit anonyme de l'économie [...] [16].

Ce qui rend le monde inhabitable est ma propension à employer des qualificatifs impersonnels pour rendre compte d'entités vitales et vivantes. Il est bien plus facile de se frotter à une « vérité chiffrable », de faire tourner des idées reçues que de se confronter aux mille variations et nuances qui fondent une personne. Dans la même veine que les travaux de Sennett sur l'artisanat, Levinas nous invite à contempler ce qui demeure fluide, indéterminé en chacun. Levinas et Sennett conçoivent la communication non comme un coup définitif, mais comme un lent processus, la considération évolutive de quelque chose de quasiment miraculeux. Regarder un visage peut être un bon exercice pour suspendre son jugement, tout comme observer un objet *en train* d'être fabriqué.

Louie Mayer, la cuisinière de Virginia Woolf, témoigne de l'intense concentration, de la totale connexion de Woolf lorsqu'elle faisait du pain. Il y avait « une chose à la cuisine pour laquelle Mrs Woolf était très douée ; elle faisait un très joli pain. Elle m'a montré comment faire la pâte avec la bonne quantité de levain et de farine, puis comment la pétrir. Elle revenait la pétrir trois ou quatre fois dans la matinée[17]. » Alors qu'elle manquait passablement d'assurance lorsqu'il s'agissait de parler de son écriture, Woolf n'hésitait pas à vanter son talent pour faire son pain. Les résultats immédiats, la fierté qu'elle retirait d'un savoir-faire totalement différent, lui firent comprendre que même le monde mystérieux de la matière est bâti sur la réciprocité. Ô combien différentes seraient nos relations avec les autres si nous prêtions une attention patiente à ce qui n'est pas encore évident ou encore en train d'éclore. Pour Woolf, venir vérifier la levée de son pain n'était pas seulement une source de fierté mais un exercice concret de son jugement.

Brouiller les frontières entre l'héroïque et l'ordinaire

N'est-on pas toujours plus ou moins en train de préjuger de la valeur de l'autre ? Comment s'y prendre pour cerner nos semblables indépendamment de leurs réalisations concrètes ? Y a-t-il de « bonnes » façons de juger les autres ? Comment savoir en quoi consiste et où réside la valeur ? Remettre en cause nos réflexes de catalogage exige-t-il une faculté d'introspection que nous n'avons pas ? Notre besoin de classifier témoigne-t-il d'un manque d'imagination ? Si nous n'avions pas l'art, comment reconnaîtrions-nous l'importance de ce qui est supposément insignifiant ? L'une des figures majeures de la littérature allemande, Georg Büchner, plaidait pour un type d'art, et même de vie, qui cesse de séparer l'héroïque et l'ordinaire, le beau et le laid. Mais ce qui est déjà si délicat dans le domaine esthétique semble encore plus difficile à mettre en œuvre dans la vie quotidienne. En effet, pour autant que l'on partage la croyance de Büchner, selon laquelle toute personne mérite d'être traitée avec équité et compassion, comment fait-on pour dépasser les préjugés et l'intolérance, pour « pénétrer dans l'essence propre de chacun » ? Le premier pas que fait Büchner est de reconnaître que « nul ne saurait être ni trop insignifiant ni trop laid. Alors seulement nous pouvons les comprendre ». Ce credo, extrait de *Lenz*, est une incitation à élargir le champ de la représentation esthétique, pour s'intéresser à ce que ses lecteurs repoussent ordinairement. Avant même de sélectionner ce qui est digne ou non qu'on lui consacre du temps, n'avons-nous pas la responsabilité éthique de considérer l'autre comme partie prenante de notre existence ? Büchner estime que nous avons le pouvoir de dépasser ces jugements hâtifs : n'est-ce pas, suggère-t-il, notre connaissance limitée de ce qui est supposément « laid et insignifiant » qui nous autorise à les juger ?

Se libérer de cette tendance au catalogage est le premier pas vers la tolérance. Il existe des moyens, écrit Levinas, de contrecarrer la propension ordinaire à négliger et à maltraiter ceux dont le seul tort est de ne pas être comme nous ou de ne pas nous être utiles. Selon le philosophe, c'est parce que nous ne voyons qu'une fraction d'un être que nous rejetons aussi aisément le reste comme une abstraction sans vie. Comparez ce genre de « non-rencontre » avec une occasion qui au contraire flatterait notre amour-propre. Imaginez que vous croisiez une célébrité ou une personne extrêmement charismatique, quelqu'un que vous voulez impressionner, dont vous voulez obtenir quelque chose. Cet individu *précieux* est à mille lieues de l'entité abstraite que nous avons rejetée comme une personne médiocre. Nous sommes devenus experts dans l'art de nous détourner des visages que nous n'avons que faire de séduire. Büchner comme Levinas nourrissent tous deux une méfiance viscérale envers cette indifférence. *Prêter attention* aux personnes négligées est leur but ; démystifier l'apparence du pouvoir l'une de leurs missions. Tous deux sont imprégnés du paradoxe qui assimile le fou et le sage, le faible et le puissant. Sans doute étaient-ils des lecteurs familiers de ce passage de la Première Épître aux Corinthiens (1:27-28) ?

> Mais Dieu a choisi les choses folles du monde pour confondre les sages ; Dieu a choisi les choses faibles du monde pour confondre les fortes ; et Dieu a choisi les choses viles du monde et celles

> qu'on méprise, celles qui ne sont point, pour réduire à néant celles qui sont […] [18].

L'image classique du fou sacré suit un scénario dans lequel l'échelle de valeur entre le « modeste » et le « puissant » est renversée. Cette logique paradoxale espère révéler les failles de nos distinctions hiérarchiques. Les catégories les moins imposantes pourraient bien être celles qui réduisent « à néant celles qui sont », qui remettent en cause les classifications tout en élargissant le champ de l'existant. Nous n'avons guère l'occasion de rencontrer dans la vie le genre de fous sacrés dont la littérature abonde, des personnages qui nous permettent de faire le tri entre illusions et certitudes. Mais s'il n'existe pas de parfait traducteur de la vie intérieure de nos semblables, se laisser confondre et troubler est un premier moyen de suspendre nos jugements hâtifs et nos certitudes absolues.

Reconnaissons au moins que nous ne sommes capables de saisir que d'infimes fragments des possibilités infinies recelées en autrui [19]. La façon la plus simple d'appréhender ce truisme est de nous imaginer – avec toutes les joies et les souffrances que nous avons vécues ; toutes nos lectures, bien ou mal comprises ; nos amours et nos haines – soudain réduits à la plus simplificatrice des typologies. N'est-il pas douloureux de prendre conscience qu'un tel catalogage peut si facilement s'immiscer entre moi et une compréhension plus substantielle de la personne que je suis ? Si seulement cet observateur, réel ou imaginaire, qui me juge de toute sa hauteur, pouvait reconnaître que mon existence excède et dépasse ce que, bien malgré moi, je semble incarner. Ne pas être reconnue est aussi réducteur que déstructurant. Le regard de l'autre a le pouvoir d'exclure et de briser. Les postures que nous adoptons pour paraître stoïques permettent de donner le change, mais elles nous éloignent de nous-mêmes et des autres.

Si vous traitez une personne comme un citoyen de seconde zone, dès lors que vous faites d'elle une entité marginale, il y a de fortes chances pour que cette personne intègre à son roman personnel certains termes blessants. Le mépris d'autrui me rejettera inexorablement dans un néant, fera de moi un être négligeable. Lorsque je me sens dédaignée, je deviens ennuyeuse et molle à mes propres yeux. Inversement, je possède aussi cette faculté d'infliger à quelqu'un un semblable sentiment de nullité. Mon langage corporel peut être snob et condescendant – consciemment ou non. Une intonation, un haussement d'épaules suffisent parfois à transformer une simple faille en fossé infranchissable. Enfermée dans ma fierté et mon manque d'assurance, je pourrais bien me jeter sur celui que je perçois comme un poseur avant qu'il ne se jette sur moi. Comme nombre d'entre nous, je vis par comparaison. L'attitude opposée consisterait à absorber la différence avec émerveillement, en s'extasiant devant la beauté de nos dissemblances.

Juger quelqu'un médiocre, c'est le transformer en une sorte de fantôme, de personnage mineur. Même si j'aime à penser que je n'émets pas d'appréciations aussi superficielles, sous le coup de la colère ou par indifférence il m'est arrivé de tracer autour d'une personne un espace qui l'isole et se révèle parfois contagieux. En assignant à ces gens une non-position, j'ai essentiellement mené ma vie comme s'ils ne comptaient pas. Mon indifférence a esquissé un chemin, me libérant de ce que je percevais comme leur poids. Mais lorsque je pense à mes raisons d'écrire ce livre, je veux leur redonner ce poids. Je veux repenser l'acte de rejeter, le besoin tenace de préserver ma place aux dépens de la leur. J'ai agi de façon à protéger mon petit monde au lieu d'élargir le leur.

Chapitre 9

La décence ordinaire : Orwell, Spinoza et l'abandon de la perfection

Le mot « décence » a des résonances multiples. Dans l'éthique kantienne, la « décence minimale » renvoie à la plus petite unité de bienfaisance envisageable. Thomas Hobbes parle de « petite morale » à propos de la « décence du comportement, comment un homme doit en saluer un autre, ou comment il doit se laver la bouche ou se curer les dents devant le monde ». Aux yeux de ces éminents philosophes, ces petits gestes de bienséance n'ont pas grand-chose à voir avec « ces qualités humaines qui concernent les hommes dans leur vie commune, dans la paix et l'unité [1] ». Et si l'on cessait d'opposer « petit » et « grand » registres, à l'instar de George Orwell lorsqu'il s'interroge sur son engagement dans la guerre civile espagnole ? C'est en effet la dimension élémentaire, ordinaire de ce qu'il appelle *decency* qui l'attira au moment de rejoindre les troupes antifascistes : « Si vous m'aviez demandé pourquoi je m'étais engagé dans les milices, j'aurais répondu : "Pour combattre le fascisme", et si vous m'aviez demandé pour quoi je me battais, j'aurais répondu : " Les plus élémentaires principes de civilité (*common decency*)[2]". » La décence ordinaire – comme l'expression est plus couramment traduite – ne se proclame pas ; elle n'est pas gravée dans la certitude philosophique. Elle existe en dehors des grandes déclarations et des brillantes idéologies. « L'homme ordinaire, écrit Bruce Bégout, n'a pas besoin de se tourner vers certaines autorités pour agir moralement. [...] la *common decency* est la faculté instinctive de percevoir le bien et le mal[3]. » Cette faculté est donc une forme d'intuition singulière, qui ne saurait être rationalisée de l'extérieur. C'est une réponse personnelle à un dilemme éthique.

La décence ordinaire est tout le contraire de l'éphémère « quart d'heure de célébrité » warholien. Orwell la met en avant précisément pour sa détonante discrétion. Peu importe que ce sens moral spontané se concrétise en actes de générosité retentissants, ou en héroïsme. Il peut tout aussi bien, pour reprendre les mots de George Eliot, « reposer dans des tombes délaissées », une image à laquelle je reviendrai lorsque je commenterai son roman *Middlemarch*. À ceux qui restent sourds à la valeur discrète de ce sens moral spontané, Orwell préfère les gens qui vivent et pratiquent la bonté sans ostentation. Il utilise Jonathan Swift comme un repoussoir, lui reprochant de négliger un bonheur « notoirement difficile à dépeindre » parce qu'il est ordinaire plutôt qu'utopique :

> Mais le trait le plus marquant chez Swift, c'est qu'il est absolument incapable de concevoir que la vie – la vie ordinaire sur la terre réelle, et non une version rationalisée et aseptisée de cette vie – puisse être digne d'être vécue. [...] Dès lors qu'il ne semble pas croire sérieusement à quoi que ce soit de ce genre [un « autre monde », dont celui-ci serait le prélude], il lui faut construire un paradis supposé exister quelque part sur terre, mais qui diffère totalement de tout ce que nous connaissons [...]. Il est notoirement difficile de dépeindre le bonheur, et les descriptions d'une société juste et ordonnée sont rarement attirantes ou convaincantes[4].

En opposant la « vie ordinaire » et son pendant utopique (« un paradis supposé exister quelque part sur terre »), Orwell réhabilite des qualités peu prisées par l'opinion. Comment décrire le bonheur quand il semble ennuyeux et trivial ? La décence ordinaire – c'est ce qui paradoxalement la rend si peu commune – est inclassable. Évoqués sans adjectifs grandiloquents, les personnages « décents » d'Orwell ont cette dimension vaporeuse des tableaux impressionnistes : c'est quand on cesse de leur chercher un contour précis qu'ils apparaissent dans toute leur densité. Ce qui paraît flou n'est pas l'effet d'un manque de définition, mais d'une multiplicité de points échappant à une caractérisation unique. Comme l'écrit Bégout, Orwell était fermement convaincu que les « illusions absolues » des plus ardents révolutionnaires valaient moins que « les relativités insatisfaisantes de la vie quotidienne »[5]. Certains d'entre nous sont victimes de ces causes héroïques. Ce qui est spectaculaire nous séduit car il est aisé de le confondre avec ce que nous croyons vouloir. Orwell, pour sa part, n'hésite pas à embrasser la zone grise de la décence ordinaire. Il est attiré par ce qui est précaire, fragile, modeste – par tout ce qui ne nous dresse pas les uns contre les autres. Alors que la perfection est toujours source de problèmes :

> Être humain consiste essentiellement à ne pas rechercher la perfection, à être parfois prêt à commettre des péchés par loyauté, à ne pas pousser l'ascétisme jusqu'au point où il rendrait les relations amicales impossibles, et à accepter finalement d'être vaincu et brisé par la vie, ce qui est le prix inévitable de l'amour porté à d'autres individus[6].

Lorsque j'ai lu ce passage pour la première fois, j'ai cru un instant qu'Orwell s'adressait à moi personnellement. Il décrivait si justement celle que j'avais été : cette personne en quête de perfection, cette quasi-ascète imposant à son entourage ses exigences impraticables ! Aimer un autre être, c'est renoncer à un idéal de perfection. Or, en aucun cas,

Orwell n'assimile cela à une défaite. La décence ordinaire est un juste milieu, pas un absolu. C'est un mélange d'intuition et de décision, qui implique un rejet énergique de toute éclatante démonstration d'héroïsme. Lutter pour ce qui est à notre portée n'est pas un combat déshonorant. Toute vie « décente » comporte son lot d'échecs. En réalité, la *défaite*, ou plutôt l'acceptation de la défaite nous rappelle à propos que le perfectionnisme est un obstacle à la beauté de la dissonance. Sans défaite, sans compromis, nous écrasons nos amis d'exigences absolues, nous bâtissons des châteaux en Espagne sans voir que notre toit menace ruine. Tout ce qui est fragile, sur le point de s'écrouler, signale quelque chose de réel, qui peut être travaillé, fait et défait – à l'opposé, en somme, de la raideur du tyran-idéologue. Pour Orwell, exercer une tyrannie est la spécialité de certains hommes politiques, qui se sont hissés à une position d'autorité par la force de leur rhétorique et de leurs effets de manche.

La prédilection d'Orwell pour la médiocrité quotidienne se manifeste particulièrement dans sa critique inlassable des universitaires, des intellectuels et des législateurs. Ces derniers, à ses yeux, sont incroyablement nombrilistes, au lieu de faire preuve de respect et de compréhension envers la personne lambda. Comme nous le rappelle Bégout, « la société décente d'Orwell n'est pas une société utopique et parfaite où un bonheur sans taches régnera ; c'est une société qui n'impose aucun idéal de vie, mais respecte les pratiques et les formes de vies ordinaires déjà constituées, même celles qui possèdent un caractère trivial et peut-être imparfait[7] ». On pourrait même dire que c'est *parce qu'*elles sont imparfaites qu'elles sont prometteuses. La décence ordinaire est tout sauf normative ; et elle ne saurait être théorisée. N'étant pas une abstraction, elle ne sera jamais totalitaire. Si jamais elle produit des exigences, ces dernières ne seront que partiellement comblées, et ce sera très bien ainsi. Le perfectionnisme, à l'inverse, se révèle parfois une forme de haine de soi narcissique, une focale autoritaire qui finit par contaminer notre environnement, qui déforme des ambitions plus modérées jusqu'à les rendre irréalisables[8].

Penser avec les autres, et non contre eux

À ce stade, c'est le lien entre humilité, tolérance et espoir qui intéresse ma réflexion sur la notion d'*assez bien*. C'est le lien entre le non-jugement et la « bonne » joie, qu'un penseur comme Spinoza relie à la puissance d'agir de chacun. Les personnes les plus humbles, explique ainsi un spécialiste de Spinoza, « reconnaissent les limites de leur esprit et sont moins figées dans leurs déficiences que les personnes fières : elles sont donc en retour davantage capables de prêter attention aux "résonances profondes" de l'intellect ». Ces « résonances profondes » n'ont rien à voir avec les « interférences auditives » superficielles, qui entravent la connaissance. Si nous parvenons à faire taire ce bruit de fond et cessons de nous comparer aux autres, nous aurons plus de chance de faire tourner ce moteur qu'est la joie chez Spinoza. Bien penser, pour Spinoza, c'est penser en étant affranchi des blessures comme de la gloriole. Cela veut dire aussi penser avec les autres, et non pas contre eux. Cette dimension communautaire, non sans lien avec la tolérance, est une part essentielle de cette force motrice :

> Au fur et à mesure que nous gagnons en assurance et en puissance dans notre rapport aux autres, les postures conflictuelles et antagoniques cèdent la place à une attitude plus coopérative, dans laquelle nous reconnaissons combien notre pouvoir et notre intérêt sont liés au pouvoir et à l'intérêt des autres, ainsi qu'au bon fonctionnement de la communauté en général […]. Il ne fait aucun doute que plus l'État encourage un esprit de fraternité […] plus il favorise l'harmonie (*convenientia*) entre citoyens [9].

Avec Spinoza, je comprends que la personne que je me sens le plus être, cette « essence » si précieuse à ma projection identitaire, n'est pas en réalité quelque noyau magique, mais simplement une part des nombreux sujets qui vont et viennent en moi, connus ou inconnus de moi-même et des autres. Mon identité s'est forgée à partir des relations et des rencontres que j'ai nourries au fil du temps. Lesquelles forment un patchwork hétéroclite de temporalités disparates et d'humeurs croisées, accolant et assemblant les figures qui ont croisé ma route. Comment dès lors extraire un atome primordial de ce montage complexe ? Comment l'identifier ? Cela une fois établi, je serai moins encline à me mesurer comme cette chose unique que j'aspire à incarner. Dans une scène fameuse de *Sunset Boulevard*, lorsque Norma Desmond (Gloria Swanson) déclare : « Je suis prête pour mon gros plan », tout est dit. Ce gros plan est censé symboliser sa gloire passée, la ramener au sommet de sa carrière et de sa célébrité, prouver qu'elle est toujours la star qu'elle a été. Mais sa gloire n'est plus, et ce qu'elle croit offrir à la caméra, l'image qu'elle désire laisser à la postérité, se résout en une cruelle méprise – le portrait secret de Dorian Gray.

Spinoza se représente l'humain comme un ensemble de traits de caractère et de forces, qui n'appellent pas des arbitres rigides, mais des interprètes-éthologues, plus attentifs aux processus qu'aux résultats. Selon Deleuze, l'éthologie ainsi comprise est « d'abord l'étude des rapports de vitesse et de lenteur, des pouvoirs d'affecter et d'être affecté qui caractérisent chaque chose [10] ». Chacun d'entre nous est le produit de relations et de capacités, de variations et de transformations. Voyez les animaux : comme nous, ils réagissent positivement ou négativement à leur environnement :

> Tout point a ses contrepoints : la plante et la pluie, l'araignée et la mouche. Jamais donc un animal, une chose, n'est séparable de ses rapports avec le monde [...]. [L]a vitesse ou la lenteur des métabolismes, des perceptions, actions et réactions s'enchaînent pour constituer tel individu dans le monde[11].

Quand nous nous observons mutuellement, pourquoi n'accorderions-nous pas un peu moins d'importance aux faits concrets, pour réfléchir plutôt sur la manière, les forces et les frictions qui nous ont rapprochés ou éloignés des autres ? Je ne suis pas seulement faite et défaite au gré de circonstances changeantes, mais je suis largement déterminée par la joie et la tristesse, un esprit vif ou une disposition contemplative, qui influent grandement sur mes opinions et mon caractère. Comme nombre d'admirateurs de Spinoza, Gilles Deleuze a une prédilection pour ce qui relève de l'association, de la réaction plutôt que de la permanence, convaincu que nous sommes façonnés tout au long de notre vie par une telle succession de hasards. Pour minimiser le risque de généralisation, il explique comment sa méthode (son éthologie) consiste à maximiser la relation entre les corps et leur environnement, en observant les chemins tortueux qu'ils prennent. Ces observations tous azimuts sont sa façon de penser l'humain :

> Vous ne savez pas ce dont vous êtes capables, en bon et en mauvais, vous ne savez pas d'avance ce que peut un corps ou une âme, dans telle rencontre, dans tel agencement, dans telle combinaison [12].

Tout comme l'araignée ou la mouche, mon évolution est accélérée ou ralentie par une multiplicité de facteurs. Je ferais mieux d'observer ces causes plutôt que de me hâter de juger. Une fois que j'ai reconnu le pouvoir d'une rencontre à changer la certitude en doute, il sera moins tentant d'attribuer telle ou telle étiquette à une personne. Ces biais sont aussi tenaces qu'inconsistants : une opinion que je croyais gravée dans le marbre peut ainsi être modifiée en l'espace de quelques secondes – un regard mauvais, ou au contraire un sourire peuvent provoquer des métamorphoses inattendues. Cette vulnérabilité indique que ma réaction au monde résulte souvent de la manière – attentionnée ou méprisante – dont je suis considérée. Selon Deleuze (d'après Spinoza), les changements d'opinion résultent de la seule force d'exister (*vis existendi*) ou puissance d'agir (*potentia agendi*). Nous sommes des êtres bigarrés, sensibles au flux constant qui nous entoure, soumis à des variations continues. Nous nous berçons d'illusions si nous pensons que nous garderons les mêmes sentiments envers quelqu'un pendant une aventure torride ou après une dispute.

C'est un sacré défi d'oblitérer nos souvenirs passés, nos goûts et nos dégoûts, pour considérer le monde comme s'il tournait sans nous. Taper sur de la fonte est objectivement une activité neutre ; taper sur la tête de quelqu'un ne l'est pas. De la même façon, ce que nous projetons sur quelqu'un est toujours le résultat d'un certain rapport personnel, et non un fait impartial. En ce qui concerne la question de l'*assez bien*, nous nous jugerons toujours et inévitablement les uns les autres en fonction de notre réputation passée et présente. Nous sommes toujours pris dans une relation, mais il en va de même de nos interlocuteurs. Or nos relations existent *par elles-mêmes*, en dehors de nos émotions ; leur passé n'est pas uniforme, et leur vécu nous est pour sa plus grande part inconnu. Aussi, mon estimation, quand je juge quelqu'un assez bien ou pas assez bien, porte-t-elle sur une relation antérieure. Ou bien c'est une projection gratuite. De même, je suis moi aussi la somme de rencontres, d'idées, de désaccords et d'amitiés.

Chapitre 10

Revoir ses ambitions avec George Eliot

Peu d'écrivains ont aussi bien que George Eliot décrit les revers de la gloire. Certains de ses personnages adoptent une vie médiocre comme une panacée, un répit dans l'impossible course vers le sommet. Ce qui est remarquable, c'est qu'ils sont conscients de la lutte acharnée pour la reconnaissance qui se joue autour d'eux, sans pour autant être détruits par elle. Il y a une forme de joyeuse acceptation dans la manière dont les personnages secondaires de ses romans mènent leur vie en toute discrétion. Comment y parviennent-ils ? Eliot nous fournit-elle là un modèle à imiter ? La réponse est non. En réalité, elle se méfie des conseils délivrés passivement, nous incitant plutôt à écouter différemment, à prêter une attention particulière à la façon dont les autres nous « touchent », notamment ceux qui agissent sans ostentation, anonymement. Les lecteurs de *Middlemarch* ont souvent été déçus par la fin très banale du roman, surtout en ce qui concerne Dorothea Brooks, le personnage principal, dont la situation domestique n'a rien d'éclatant. On lit ainsi dans le dernier chapitre qu'elle a vécu sa vie consciente qu'« il existait toujours quelque chose de mieux qu'elle eût pu faire si seulement elle avait été meilleure et si elle avait vu plus clair [1] ». Mais, loin du *Naufragé* de Bernhard, pour qui ne pas être le meilleur est dramatique, Eliot nous présente une qualité étrangère au royaume de la gloire, une qualité qui a le pouvoir de « s'étendre », de se diffuser sans qu'on ait besoin d'en faire étalage :

> Pourtant, l'effet de son être sur ceux qui l'entouraient était d'une incalculable étendue ; car la croissance du bien dans le monde dépend en partie d'actes qui n'ont rien d'historique ; et si les choses vont moins mal qu'elles ne le pourraient pour vous et moi, on le doit un peu au nombre d'êtres qui mènent fidèlement une vie cachée avant de reposer en des tombes délaissées [2].

Eliot tend ici la main à tous ces gens qui, sans même l'avoir voulu, ont contribué à améliorer la vie des autres. L'aura « d'une incalculable étendue » qu'elle attribue à leurs actes pourtant sans portée historique rayonne au-delà de tout système d'appréciation ou d'évaluation. Les personnes dotées d'une telle bonté communicative et durable sont bien plus attachées aux mérites des autres qu'aux leurs propres.

Privilégier le processus plutôt que le résultat

L'expérience est un ensemble de vues et de jugements toujours ajustables. Ce pourquoi, la relation entre une action et sa réception n'est jamais qu'une partie de l'équation. Laisser le jugement occuper toute la place, c'est admettre que le résultat est plus important que le processus. En écrivant ce livre, je mène une enquête qui m'apporte du plaisir, qui m'aide à mieux comprendre ma place dans le monde, et mon rapport à l'échec et au succès. Si je me focalise essentiellement sur sa réception, sur les critiques qu'il pourrait susciter, alors je gâche la joie qui m'avait poussée à l'écrire en premier lieu. Ce que Spinoza appelle la force d'exister ou la puissance d'agir s'apparente à cette énergie irrésistible qui m'a incitée à faire quelque chose d'intensément joyeux, mais aussi de foncièrement privé. C'est dans ce royaume discret que des changements imperceptibles interviennent. Zadie Smith, qui a établi un rapprochement entre la pensée de Spinoza et l'œuvre de George Eliot, est l'une des plus fines interprètes de ces changements. L'influence de Spinoza est en effet omniprésente dans le roman : Eliot, qui mettait la dernière main à une traduction de l'*Éthique*, avait en effet été frappée par l'intérêt du philosophe pour l'expérience, dynamique, par opposition à la vertu statique. *Middlemarch*, écrit Smith, est « un roman qui traite des effets de l'expérience, et dont notre interprétation évolue au fil de notre expérience». Seule l'expérience pourra in fine transformer notre regard sur les choses, et c'est seulement quand nous laisserons ce changement de perspective advenir que nous verrons que les effets ont « leur traduction dans le monde réel[3] ».

Les personnages les plus accomplis d'Eliot sont souvent ceux qui s'efforcent de distinguer le processus du résultat, demeurant fidèles à l'enthousiasme initial qui les avait poussés à se lancer dans une action, un projet, une relation. La plupart de leurs actions resteront privées, à peine ou pas du tout connues des autres. Leur force est de s'être libérés du regard des autres, en taisant leurs accomplissements afin de les vivre plus pleinement. Le ressassement des tourments sans fin causés par le jugement des autres est la véritable malédiction du *pas assez bien*. Notre dépendance au jugement des autres est débilitante parce que, loin de s'insérer dans une trajectoire, elle se concentre principalement sur des conclusions hâtives. La philosophie de Spinoza nous pousse à nous libérer d'une telle emprise. D'après lui, il y a toujours un moyen de modifier certaines vies – ou du moins certains aspects de notre vie. L'individu qui accepte d'être contrôlé et contraint ne sera jamais l'architecte de son destin. Comme l'écrit un autre spinoziste, « la question importante n'est [...] pas de savoir comment se changer soi-même, mais comment modifier son *environnement* afin que notre nature puisse s'y exprimer. [...] La question n'est pas "comment ne plus être dépendant ?" mais "de quoi être dépendant ?" [Non pas] "comment ne plus être contraint ?" mais "quelles sont les contraintes qui me construisent et celles qui me détruisent"[4] ? » Il ne saurait y avoir de « mauvaise » médiocrité si vous cultivez a minima les petits talents qui vous sont échus à la naissance.

Spinoza nous encourage à cesser de scléroser la vie en événements monolithiques. Il met l'accent sur la force gravitationnelle qui nous tire vers notre meilleure nature, vers ce qu'on accomplit avec un plaisir singulier. Nous ne sommes rien en dehors de nos relations (nous sommes des « êtres relationnels ») – adjectif qui vaut aussi bien pour notre usage du langage, nos habitudes que nos collaborations. Nos vies, affirme le philosophe, sont faites de variations continues. Notre caractère, loin d'être une donnée figée, est constamment façonné et modifié par ce qui nous blesse ou nous stimule – des micro-événements pour la plupart imperceptibles aux autres. Notre personnalité est aussi le fruit de tout le travail de collecte et d'association opéré par notre imagination. Celle-ci, en effet, s'attache à des images et des sensations qui deviendront des aspirations – envers soi comme envers les autres. Être médiocre, au mauvais sens du mot, c'est négliger son potentiel. Dès lors qu'elle nous amène à nous améliorer, si discrète soit-elle, notre pente « naturelle » élargit notre univers ; ce n'est pas un vide qu'il s'agirait de remplir, mais quelque chose qui est déjà là, attendant d'être nourri. Je vois cela comme une vocation – une force qui me pousse à exercer les muscles les plus à même de me faire avancer.

Transformer des ambitions modestes en excellence personnelle

Faire l'éloge de ces changements discrets, de ces modestes aspirations est précisément l'objet d'une intrigue secondaire de *Middlemarch*. Des années après avoir lu le roman, je me souviens parfaitement de Dorothea, de Casaubon et de Will Ladislaw ; en revanche, je me demande pourquoi j'ai tant de mal à faire resurgir le personnage de Fred Vincy. De ce personnage mineur par excellence, Eliot fait néanmoins celui qui change la vie des autres. Attribuer à Fred un rôle secondaire est évidemment tout à fait délibéré de la part d'Eliot, comme pour mieux éprouver l'attention de son lecteur. Fred suit son potentiel, sa nature propre, et non quelque modèle fantasmé. En grande lectrice de Spinoza qu'elle était, Eliot voulait ici montrer l'ambition sous un jour paradoxal : en la soustrayant à l'espace public, elle en fait quelque chose d'intime, un effort de fidélité à ce qu'il y a de meilleur en soi. Chez Eliot, les personnages qui se fourvoient sont ceux qui courent après la gloire, en une illusoire quête de reconnaissance ; en revanche, elle prête un soin tout particulier aux personnages qui se satisfont de leur situation. Comme l'explique Smith, Fred Vincy relève sans conteste de cette catégorie :

> De tous ceux qui ont des aspirations dans *Middlemarch*, seul Fred *aspire à une chose qui en vaut la peine.* [...] De tous les personnages, Fred n'a pas choisi un bien chimérique ; il ne s'est pas non plus trompé sur sa propre nature. Il n'est pas aussi obtus qu'il en a l'air. Il n'idéalise pas Mary comme Dorothea lorsqu'elle voit en Casaubon un nouveau Milton. [...] Lorsqu'il saisit le bien, c'est presque par accident, grâce à sa capacité à vivre pleinement en restant ouvert aux vicissitudes de l'existence, tout simplement parce qu'il n'a aucune théorie philosophique sur la vie[5].

Effectivement, Fred n'aspire pas à l'impossible. Il n'est pas porté sur la fiction. Figure on ne peut moins donquichottesque, il connaît ses limites et cela lui évite de poursuivre des buts trop élevés ou trop éloignés de sa portée. Cela le rend-il ennuyeux ? Inintéressant ? Bien au contraire ! Pour Eliot, ne pas être le jouet de « chimères », ne pas avoir besoin de changer l'eau en vin est un énorme atout. Rien n'est plus passionnant qu'une personne capable de métaboliser la simplicité de la vie quotidienne. Écoutons encore Smith expliquer comment Eliot rend hommage à la « trivialité » de Fred :

> [L]es problèmes triviaux d'un Fred, ainsi que les lieux communs qui l'habitent et qu'il exprime, relèvent aussi de l'expérience humaine, et sont à ce titre sacrés [...]. C'est un philosophe, Spinoza, qui l'a d'abord convaincue de l'importance de l'expérience. La théorie l'a amenée à la pratique. [...] Sa capacité à animer des idées est si aiguë qu'elle parvient même à berner le grand Henry James, et à lui faire croire que Fred Vincy est un jeune homme banal égaré sans but précis dans les pages de *Middlemarch* ; or il n'en est rien[6].

Passer de la théorie à la pratique était exactement ce sur quoi j'avais buté dans ma période « fondamentaliste », lorsque j'étais si obnubilée par tout ce qui était exigeant et hermétique. Soudain, ce qui m'avait paru une contradiction en soi – la juxtaposition du sacré et de l'ordinaire – faisait pleinement sens. Comment se faisait-il qu'Eliot comme Spinoza trouvaient de la valeur dans le plus banal, tandis que je n'y parvenais pas ? Comment expliquer qu'un homme aussi brillant que Henry James se soit lui aussi laissé prendre au même piège ? Lui comme moi aurions-nous prêté attention à un Fred dans la vraie vie ? J'aime à penser que oui, même si – et en cela je partage l'égarement de nombre d'héroïnes d'Eliot – j'ai pris des raccourcis pour atteindre l'exceptionnel, oubliant de vivre à force de me hâter. L'idée d'un bien partiel, notion que j'ai rejetée de toutes mes forces dans ma jeunesse, est l'un des concepts les plus radicaux de la romancière victorienne. Elle est parvenue à faire de la prétendue médiocrité le contraire de la banalité. Si bien qu'à la fin, l'*assez bien* prend dans son œuvre une importance considérable. Non que Fred soit une incarnation de la sagesse ni un modèle à suivre. Son existence n'a rien d'absolu, simplement il l'oriente vers des objectifs atteignables, qui sont à la fois source de joie et d'épanouissement. Il recherche « ce qu'il y a de meilleur en lui et pour lui », s'efforçant d'accorder sa bonté naturelle à celle qu'il rencontre dans le monde.

De tous les auteurs et autrices victoriens, Eliot est la plus précieuse pour nous aider à élucider ces questions de succès et d'échec. Dans un bref essai autobiographique sur l'importance que *Middlemarch* a eue pour elle tout au long de sa vie, Rebecca Mead reconnaît que, pour une héroïne du XIXe siècle, Dorothea, le personnage principal, « dérange certains lecteurs, particulièrement ceux qui ont été élevés dans une idéologie en matière d'autonomie et de succès ». « Agacés par son manque d'ambition », ceux-ci passent sans doute à côté de « la grâce et la sagesse consolatrices d'Eliot » ainsi que de « la célébration discrète de l'ordinaire qui imprègne la conclusion inoubliable du livre ». S'interrogeant sur la surprenante défense de Casaubon, de toute évidence indéfendable, par son épouse Dorothea, qui se refuse à condamner ses

« efforts intellectuels stériles », Mead voit cette indulgence le reflet d'une des convictions les plus paradoxales et pourtant les plus impérieuses d'Eliot. À savoir son goût pour les personnages « pas franchement glorieux », qu'elle extrait de leur situation d'échec en nommant leur sort autrement. Ou plutôt, en le décrivant comme une forme d'accomplissement. Mead s'identifie largement à l'œuvre de George Eliot, dont les meilleurs passages comptent nombre de descriptions compatissantes de personnages « qui font tout ce qu'ils peuvent pour atteindre un objectif noble », mais dont « l'effort déployé plutôt que l'atteinte de cet objectif » fait d'eux ce qu'ils sont. « Fait de nous ce que nous sommes », écrit même Mead[7]. Atteindre ou non ses objectifs est souvent affaire de hasard. C'est le chemin emprunté qui nous définit.

Un détachement périlleux : l'amère réussite d'André Gorz

La générosité dont font preuve certains personnages d'Eliot a cet effet magique de mettre en suspens les notions habituelles de succès et d'échec. Vous avez beau avoir mené une vie honnête, vous pouvez tout de même avoir l'impression d'avoir manqué d'une forme particulière de bonté. C'est notablement le cas d'André Gorz, modèle et mentor pour bien des gens, philosophe reconnu, pionnier de l'écologie politique et co-fondateur du

Nouvel Observateur. Penseur admiré, auteur de travaux remarquables, intellectuel populaire, notoirement altruiste, il était pourtant insatisfait de sa vie. Ce qu'il raconte dans sa déchirante *Lettre à D.*, véritable déclaration d'amour adressée à sa femme Dorine, est essentiellement une autocritique : il se reproche d'avoir manqué de cette « excellence d'une incalculable étendue » si chère à Eliot. Réduisant sa brillante carrière à une existence à moitié vécue, Gorz oppose à son esprit obtus la faculté de sa femme à saisir le monde dans toutes ses dimensions. La renommée qui a entouré son œuvre, déplore-t-il, a étouffé les bruits du quotidien, masquant une pauvreté et une désolation intérieures. À rebours de bien des insatisfaits présents dans ce livre, Gorz ne regrettait pas une gloire éphémère. Il se désespérait plutôt de se sentir aussi éloigné de la personne qu'il aurait voulu être :

> J'étais arrivé à l'âge où on se demande ce qu'on a fait de sa vie, ce qu'on aurait voulu en faire. J'avais l'impression de n'avoir pas vécu ma vie, de l'avoir toujours observée à distance, de n'avoir développé qu'un seul côté de moi-même et d'être pauvre en tant que personne. Tu étais et avais toujours été plus riche que moi. Tu t'es épanouie dans toutes tes dimensions. Tu étais de plain-pied dans ta vie ; tandis que j'avais toujours été pressé de passer à la tâche suivante, comme si notre vie n'allait réellement commencer que plus tard[8].

Gorz, qui semblait si aisément mener de front *vita activa* et *vita contemplativa*, suscitait une très large admiration. Comme peu, il avait su échapper aux raideurs du monde universitaire. Et pourtant, il avoue n'avoir jamais été, comme Dorine, « de plain-pied dans sa vie ». Il se voit comme « pauvre en tant que personne », tandis que Dorine était et avait toujours été « plus riche que [lui] ». L'obligation de produire, de progresser dans sa carrière l'empêcha d'être authentiquement lui-même. Plus il devenait un personnage important, plus ses travaux lui valaient de notoriété, et plus il aspirait à une qualité d'expérience qui privilégie le privé sur le public, l'inédit sur le publié.

Ce détachement du monde quotidien était l'un des grands regrets de Gorz. Comme il l'avoua à sa femme, il était désormais hanté par la façon qu'il avait eue, à tort, de passer leur quotidien au filtre de ses abstractions. Dorine, qui s'était d'abord laissé « intimider par [son] côté péremptoire » avait peu à peu « refusé de se laisser influencer. [...] [Elle] se rebellai[t] contre les constructions théoriques et tout particulièrement contre les statistiques. » Ces mots me touchaient, non que je fusse aucunement statisticienne ou théoricienne, mais comme Gorz j'avais craint moi aussi que, privée d'un modèle propre à structurer mes idées, ma pensée menaçât de « sombrer dans l'empirisme et l'insignifiance ». D'où me venait cette croyance que l'anecdotique était trivial, qu'il ne pouvait en lui-même être excellent ? Pour Gorz, le déclic eut lieu lorsque sa femme finit par se révolter et retourner la situation, en soutenant au contraire que c'est la théorie qui « menace toujours de devenir un carcan interdi[sant] de percevoir la complexité mouvante du réel[9] ». À terme, ce serait aussi le déclic pour moi. Mais j'avais encore du chemin à faire, car rien ne me terrifiait davantage alors que le fameux juste milieu, si prisé des Anciens. Il semblait si dangereux, si difficile à dompter. Je voulais être sûre de la valeur des choses, de la valeur des gens, de l'excellence de mes modèles. Dans sa *Lettre à D.*, Gorz laisse entendre qu'il est déjà trop tard, qu'il a trop tardé, qu'il a raté ce à quoi sa femme était si habile : diffuser son excellence sans effort. L'ombre de Gorz, qui restera dans les mémoires pour le double suicide par lequel lui et Dorine mirent ensemble fin à leurs jours, plane sur ce livre comme l'un des exemples les plus déroutants de l'association paradoxale du succès et du sentiment de ne pas être à la hauteur.

La *Lettre à D.* de Gorz m'a permis de comprendre combien me réfugier dans le perfectionnisme m'avait éloignée du juste milieu vanté par Aristote ou Horace. Leurs mises en garde contre tout extrémisme étaient tombées dans l'oreille d'une sourde. Mais comment une jeune femme démarrant dans la vie, incertaine de sa place dans le monde, pouvait-elle assimiler que la vie bonne ne se mesure pas à l'aune des accomplissements d'autrui mais par une faculté d'auto-évaluation, un compteur éthique intérieur paramétré pour ne pas dépasser l'*assez bien* ? Comment cette même jeune personne pouvait-elle vouloir faire siens des mots d'ordre comme « stabilité », « équilibre », « statu quo » ? Loin de m'évoquer, comme c'était le cas jadis pour les Anciens, l'idée d'une riche satisfaction philosophique, pour moi ils empestaient la complaisance.

Horace ne l'entendait pas ainsi. Dans son *Ode 10* (livre II), le poète latin dit avoir trouvé la recette pour éviter les tourments qui ne manquent pas d'accompagner la gloire. Il fait l'éloge de la modération et encourage chacun à se tenir éloigné des extrêmes. Vis sans étaler ta supériorité, conseille-t-il, garde-toi de posséder une demeure trop imposante ou de naviguer trop vite, et tu ne seras jamais ni envieux ni envié :

> Quiconque choisit le juste milieu, précieux comme de l'or, vit en sécurité, sans souffrir de la pauvreté et de ses laideurs ; il vit dans la modération, loin des palais que le vulgaire envie. Les pins élevés sont le plus souvent battus par les vents ; les plus hautes tours tombent le plus lourdement ; les sommets sont frappés par la foudre. Une âme bien préparée espère le bonheur dans l'infortune, craint le malheur dans la prospérité. [...] Devant les difficultés, montre-toi courageux et vaillant ; et resserre tes voiles, si tu es sage, quand un vent trop favorable les gonfle [10].

Chercher à vivre en repos n'est pas synonyme de lâcheté pour Horace. Il faut réellement du courage et de la lucidité pour résister à son orgueil naturel. Vouloir moins, c'est avoir moins à perdre. Si vous tenez à posséder un palais, vous attiserez forcément la comparaison ; ne soyez donc pas surpris : lorsque ses hautes tours s'effondreront, la chute n'en sera que plus rude, et plus cruelle la joie mauvaise des envieux.

La déesse Succès, cette garce

Le grand philosophe et psychologue américain William James avait une expression féroce pour décrire la quête obsessionnelle de réussite de ses concitoyens. Il la tenait pour une maladie, une faiblesse morale « née du culte exclusif de la déesse Succès, cette garce. Cela – assorti de l'interprétation sordide du mot “succès” en termes sonnants et trébuchants – est le mal de notre nation. » Longtemps, je me suis imaginé que les grands auteurs et artistes que j'admirais échappaient à ce mal. Je les voulais parfaits, désintéressés, détachés du succès sordide que James méprisait si vivement. Non seulement ils semblaient merveilleusement insensibles aux louanges, mais ils recevaient leurs propres échecs avec une indifférence exemplaire. Pourquoi me suis-je attachée avec un tel acharnement à des figures qui n'ont probablement existé que dans le domaine de la fiction ? Certes, l'on peut croire, avec Spinoza, qu'il existe des gens pour qui la détermination personnelle importe plus que la reconnaissance publique. Ces gens-là sont animés d'une motivation à la fois invisible aux autres et essentielle à leur identité. Leur idée du succès repose sur un accomplissement pur, dans lequel la gratification ne vient pas flatter l'ego. Cette distinction était particulièrement vraie dans l'Angleterre victorienne ou la Russie de Tchékhov, mais elle reste valable dans l'esprit de nombre de contemporains. Lorsque Anthony Trollope quitta son travail pour se consacrer à la publication massive de romans, on lui reprocha précisément ceci : de chercher à se vendre plutôt qu'œuvrer à se trouver. Tandis que la première ambition indique un rapport commercial avec le public, soit quelque chose de « vil » pour les victoriens, la seconde, l'art vu comme une quête intérieure était, et demeure, une noble vocation.

Après avoir fini *Middlemarch,* livre qui joue toujours un rôle important dans ma vie, je m'étais imaginé que le succès était purement et simplement tombé sur George Eliot, sans l'affecter le moins du monde. Son roman, me disais-je, brillait d'un éclat pur, d'une luminosité qui ne pouvait émaner d'une ambition effrénée. Telle que je l'idéalisais, Eliot était une personne totalement affranchie du côté obscur du carriérisme, sourde aux sirènes de la gloire. Sa notoriété, me plaisais-je à imaginer, elle n'y songeait qu'à l'occasion, voire pas du tout. Je fus donc passablement dégrisée, un peu déçue mais surtout édifiée sur moi-même lorsque je découvris qu'en fait, dès l'âge de 19 ans, Mary Ann Evans (son nom de naissance) reconnaissait (en majuscules) que l'ambition était son « GRAND VICE », le « PLUS DESTRUCTEUR » de tous. Comment croire que *ma* George Eliot avait ainsi couru après « l'estime de ses semblables [11] » ? Mais en quoi était-ce important ? Pourquoi aurait-elle dû être indifférente au succès ? Son œuvre se trouvait-elle amoindrie que ce ne soit pas le cas ? En réalité, sans ambition, elle n'aurait probablement jamais écrit *Middlemarch* ni quoi que ce soit d'autre ! Était-ce la crainte que son œuvre ne soit pas à la hauteur qui la stimulait ? Peut-être la réticence puritaine d'Eliot face à la « théâtralité de la gloire littéraire », à la pratique consistant à « assouvir ses ambitions [12] » était-elle liée à la crainte plus importante que, si l'écriture, et l'art en général, ne servaient pas à l'amélioration des individus, alors ils ne seraient que relents et occasions de frivolités et de gains matériels ? Chercher à se mettre en avant plutôt qu'à se perfectionner était l'une des hantises d'Eliot. Toutefois l'enjeu, en l'occurrence, n'était pas uniquement celui de la bonification des individus. Car publier sous pseudonyme, comme elle le fit (en tant que George Eliot), ne fonctionne à cet égard que si l'anonymat est strictement préservé [13].

Non seulement Eliot était parfaitement consciente de son ambition, mais elle aborda frontalement la question dans sa correspondance avec Jane Senior, la première femme britannique à être devenue fonctionnaire puis inspectrice pour l'assistance publique [14]. Avant qu'elle n'en vienne à occuper des fonctions importantes, Senior se plaignit à Eliot de ce que son champ d'action n'était pas suffisamment vaste ; elle souhaitait avoir une influence plus large, déployer ses qualités en dehors de la sphère domestique. Eliot récusa cette distinction, préférant faire l'éloge de la bonté personnelle de son amie. Dans une lettre datée de 1873, elle écrit ainsi : « Tu n'as qu'à être une femme bonne et fidèle [...] et la simple pensée de toi contribuera à raccommoder les choses [15]. » Eliot emploie la métaphore de la couture, comme pour rabattre les aspirations plus ambitieuses de Senior. Refusant de séparer vie domestique et vie collective, d'opposer un univers clos à un monde plus large, Eliot rappelle à Senior que la bonté commence chez soi. Les plus infimes gestes quotidiens de sollicitude non seulement « font partie du combat divin contre le mal », écrit-elle, mais ils servent aussi à envelopper et améliorer le monde. « Ta petite vie à toi peut rayonner, rappelle-t-elle à Senior. Je dis cela eu égard à ton aspiration à une existence plus vaste [16] ».

Cette crainte de Senior de manquer quelque chose en étant cantonnée à la sphère privée, Eliot la transposera plus tard dans le personnage de

Dorothea, dans *Middlemarch.* Ce débat aux accents traditionalistes résume les questions soulevées par la notion d'*assez bien.* Il n'échappera pas au lecteur que la reconnaissance convoitée par Jane Senior, Eliot l'avait obtenue. Elle, romancière adulée et personnage public, conseillait à celle qui n'était pas encore connue de se contenter de moins, car c'est via cette vie en apparence minuscule, voire improductive, que le phénomène de rayonnement des vertus personnelles peut accomplir ses petits miracles[17]. Il y a ici un paradoxe qui me laisse un arrière-goût un peu amer. Contrairement aux personnages mineurs qui font totalement l'impasse sur la question de la notoriété, on ne peut s'empêcher de froncer un sourcil – voire les deux – face à cette célébrité qui conseille de rester dans l'ombre à celle qui n'en est pas encore sortie. Eliot craignait-elle donc que son œuvre ne soit pas à la hauteur ? Je songe ici à Montaigne :

> Seule une particulière faiblesse peut faire que nous nous contentions de ce que d'autres ou nous-mêmes avons trouvé dans cette chasse à la connaissance : un plus habile que nous ne s'en contentera pas [...] Et c'est pour notre esprit un signe de rétrécissement ou de lassitude quand il se tient pour satisfait. Aucun esprit de qualité ne s'arrête à lui-même[18].

N'est-il pas décourageant de lire sous la plume d'un Montaigne que le contentement peut être le signe d'un esprit limité ? J'avoue volontiers qu'il m'est arrivé d'exagérer mon sentiment de satisfaction pour justifier une certaine paresse. Mais ne peut-on voir les choses autrement ? Ne peut-on pas être satisfait sans pour autant cesser de poursuivre un but ? Vous êtes toujours en quête, mais plutôt que d'être aiguillonné par un esprit de compétition, vous êtes mû par la conviction, par le désir de mieux comprendre, même si c'est à la vitesse de l'escargot et dans l'indifférence générale…

Redescente métaphysique

Comment suis-je parvenue à dégonfler le tour dramatique qu'avait pris ma relation à la connaissance et au pouvoir ? Si George Eliot et Spinoza ont été pour moi si formateurs, c'est parce qu'ils croyaient que les qualités d'une personne ne sont pas affaire de volonté ni d'idéologie. Bien plutôt, elles sont latentes, attendant d'être découvertes et lentement développées. Une fois qu'elles sont éveillées, il nous revient de poursuivre et de « persévérer dans notre être ». Cette idée forte du *conatus* qu'Eliot emprunte à Spinoza m'a très probablement sauvée de certains de mes excès. La jeunesse veut ses héroïnes et ses héros, de préférence de ceux qui clament leurs sacrifices haut et fort. La philosophie de l'*assez bien*, au contraire, se propose de troquer l'idéal contre le réel. Cette redescente bien peu romanesque est ce qui, pour finir, m'a soulagée de mon penchant pour la pompeuse excellence. Il faut de l'humilité pour renoncer à ses aspirations à l'absolu. Dans la lignée de la 52e proposition de Spinoza, je me mis à songer à la douceur de la satisfaction intérieure, ce cadeau qui « est en réalité ce que nous pouvons espérer de plus grand ». Spinoza distingue bien celle-ci de l'amour-propre destructeur. Tout ne découle pas de la comparaison et de la compétition. Certaines situations reposent entièrement sur la compréhension intime d'une action réalisée aussi excellemment que possible, et pour elle-même.

Zadie Smith conclut à propos des personnages d'Eliot qu'ils s'efforcent d'accorder gaiement « ce qu'il y a de bon en [eux-mêmes] à tout ce qu'il y a de bon dans le monde ». Et que, plutôt que de courir après des modèles inaccessibles, tels les sages spinoziens, ils « déambulent dans les jardins, vont au théâtre, mangent avec plaisir, accomplissent un travail important à leurs yeux, etc., en accord avec les exigences de leur sensibilité [19] ». La sagesse n'est pas l'apanage de ces hommes à barbe blanche qui prêchent l'abstinence. J'ai mis longtemps à le comprendre. L'aura projetée par mes mentors, par les artistes que j'allais écouter, par mes philosophes favoris, émoussait mon vécu plus immédiat. Je n'avais pas le temps de me promener dans des parcs, de voir des pièces divertissantes. Mais lorsque l'ordinaire me révéla enfin son caractère extraordinaire, entremêlé à l'écheveau plaisamment imparfait de l'expérience, alors je découvris une nouvelle forme d'émerveillement. « On glorifie toute espèce de courage, sauf le courage que l'on pourrait montrer vis-à-vis de ses voisins », écrit Eliot dans *Middlemarch.* Pourquoi ne pas préférer ces petits actes de charité à leurs pendants plus glorieux ? Les petits gestes, certes, se remarquent et se décrivent plus difficilement. Ce qui est remarquable chez Eliot est qu'elle est l'une des rares romancières à rendre l'amour romantique irrésistible, tout en le débarrassant de toute trace de fanatisme. Je ne résiste pas au plaisir de citer la scène mémorable où Will Ladislaw, sur qui Dorothea jettera bientôt son dévolu, se moque gentiment d'elle, qui est devenue une véritable dévote du Bien. Il fait l'éloge de l'*assez bien*, en l'incitant à remiser ses grandes abstractions et à revenir un peu sur terre :

> La vraie piété consiste à jouir des choses – quand on le peut. C'est ainsi qu'on fait le maximum pour préserver la réputation de la terre en tant que planète agréable. Et la jouissance rayonne. Rien ne sert d'essayer de prendre soin du monde entier ; il en est pris soin chaque fois que vous éprouvez un plaisir – dû à l'art ou à n'importe quoi. Voudriez-vous muer la jeunesse du monde entier en un chœur tragique, qui se lamenterait et moraliserait sur la souffrance ? Je vous soupçonne de nourrir une croyance erronée aux vertus de la souffrance, et de vouloir faire de votre vie un martyre[20].

Si quelqu'un m'avait demandé à *moi*, dans ma période « lamentations et moralisation », si j'avais l'intention de muer la jeunesse du monde entier en un chœur tragique, j'aurais répondu d'un oui retentissant, avide d'endosser la croix de Dorothea et de porter ses œillères. En relisant ce passage, je perçois aujourd'hui de la tendresse dans la bienveillante réprimande de Will. Il l'aime pour ses excès, mais voudrait qu'elle s'en serve pour prendre soin du monde et non lutter contre lui. Toute la saveur du passage vient de ce qu'il réunit ce qui m'aurait paru inconciliable : oui, l'agréable et le rayonnant, le plaisir et l'art, la piété et la jouissance peuvent tout à fait cheminer ensemble.

Chapitre 11

Proust, Tchékhov, Naipaul : les risques du catalogage

À moins d'être amoureux ou au seuil d'une nouvelle amitié, nous avons tendance à exagérer nos différences et au contraire minimiser nos ressemblances. Proust est le grand peintre de telles distorsions, qui nous révèle comme nous avons tôt fait de négliger la substance au profit de la surface. Si une personne aussi raffinée et cultivée que Charles Swann, l'infaillible esthète de *La Recherche*, peut créditer la prosaïque Odette des attributs divins d'un Botticelli, alors tout est possible. Inversement, qui aurait pu deviner que l'austère Vinteuil était l'auteur de la fascinante sonate, dont la fameuse *petite phrase* sait éveiller l'amour et ramener le temps perdu ? Proust se délecte de tels paradoxes. Qui est quelqu'un, qui n'est personne ? À quoi est censé ressembler un compositeur de génie ? Même la mère du narrateur, pourtant un modèle de sensibilité et de prévenance, semble un brin sceptique en apprenant que Vinteuil n'est pas « seulement » professeur de piano mais qu'il « compose » également : « Ma mère, ayant appris qu'il composait, lui avait dit par amabilité que, quand elle irait le voir, il faudrait qu'il lui fît entendre quelque chose de lui. » Le grand C. K. Scott Moncrieff, le premier traducteur de *Du côté de chez Swann* en anglais (1922), prit manifestement la liberté d'ajouter des guillemets au verbe « composait ». Des générations de lecteurs anglophones ont ainsi pris cette marque comme un signe supplémentaire de l'intérêt proustien pour cette zone brumeuse entre talent visible et invisible. Même si les guillemets ont probablement été ajoutés par Scott Moncrieff ou par son éditeur, je ne peux m'empêcher de les interpréter : chaque fois que je lis ce passage, ils me rappellent combien il est facile de confondre modestie et inconsistance. Vinteuil lui-même, ce en quoi il n'a pas tort, entend cette invitation comme un simple geste de politesse, auquel il répond avec la même civilité :

> M. Vinteuil en aurait eu beaucoup de joie, mais il poussait la politesse et la bonté jusqu'à de tels scrupules que, se mettant toujours à la place des autres, il craignait de les ennuyer et de leur paraître égoïste s'il suivait ou seulement laissait deviner son désir [1].

La modestie de Vinteuil le discrédite comme si elle était la preuve de son insignifiance. Puisqu'il n'affiche aucun des signes extérieurs de la réussite, il produit une sorte de dissonance cognitive chez ses interlocuteurs. Si vous voulez avoir la moindre idée de ce qu'est le génie, suggère Proust, ne regardez pas du côté des célèbres orateurs, défiez-vous de ceux qui exhibent la plus imposante culture. Car en réalité, les grands artistes « ne sont pas ceux qui vivent dans le milieu le plus délicat, qui ont la conversation la plus brillante, la culture la plus étendue, mais qui ont le pouvoir, cessant brusquement de vivre pour eux-mêmes, de rendre leur personnalité pareille à un miroir […] [2] ».

Les génies de Proust sont par essence des personnalités discrètes. Tout comme Vinteuil est écarté comme un personnage sans importance, Bergotte, l'écrivain tant admiré du narrateur, présente lui aussi un aspect déceptif. Il n'a pas la tête de l'emploi. Et pourquoi le devrait-il ? À quoi est *censé* ressembler un grand écrivain ? L'une des leçons de Proust est que chaque psyché individuelle est tellement « feuilletée » qu'il faut des facultés spécifiques et une perspicacité contre-intuitive pour découvrir ce qu'elle recèle. Les génies ont bien des chances de ressembler à ce voisin que vous avez vu traîner dans le quartier des centaines de fois. À l'inverse, et l'on ne s'en étonnera guère, tous ces beaux parleurs imbus d'eux-mêmes risquent fort de perdre leur superbe à peine aurez-vous tourné les talons. Proust m'a appris à ne jamais me fier à mon radar détecteur de *pas assez bien*. Pour lui, ce n'est qu'en regardant de biais, comme l'on observerait une œuvre d'art déroutante, que l'on peut espérer s'approcher de l'essence d'une personne. Quel habile stratagème, de la part de Proust, de cacher ses génies dans la peau de personnages mineurs, englués dans le bourbier du snobisme parisien. Notre vérité, profonde ou superficielle, est toujours cachée à la vue de tous. Il n'y a de personnages secondaires que de nom. Que nous soyons des génies ou des adeptes de l'*assez bien*, Proust nous enseigne ceci : nos premières impressions ne sont jamais justes ; comme les pages d'un roman ardu, tout homme mérite qu'on y revienne, afin de dépasser, au moins provisoirement, l'idée préconçue que l'on se fait de lui.

Repenser l'ordinaire

Si nous devions ne jamais porter de jugements hâtifs, nous évoluerions dans un monde étrangement ralenti. Ces évaluations intempestives semblent inévitables. Comme les ragots, elles affermissent les liens, elles renforcent les amitiés et nous conduisent à porter aux nues untel ou à rabaisser tel autre. Mais, aussi utiles et plaisants que soient ces commérages et autres verdicts impulsifs, aussi essentiels soient-ils pour tamiser la complexité des relations humaines, ils sont incontestablement une façon de diviser le monde entre initiés et exclus. La nuance demande des efforts, et nous sommes plus enclins à voir des vérités partielles que totales. Pour James Baldwin, nos expressions de haine relèvent précisément de ce genre de raccourci existentiel. Haïr l'autre nous exonère d'avoir à regarder en nous-mêmes : « J'imagine que l'une des raisons pour lesquelles les gens s'accrochent aussi obstinément à leurs haines est qu'ils devinent que, une fois la haine partie, il leur faudra faire face à leur souffrance[3]. » Dès lors que nous cessons d'appréhender le monde selon un cadre manichéen et des stéréotypes « réconfortants », le jugement se fait moins immédiat et les demi-teintes plus vives.

Bien des gens m'avaient conseillé de lire *Une Maison pour monsieur Biswas*, de V. S. Naipaul. Je n'étais pas préparée à suivre sur des centaines de pages l'histoire d'un homme raté et aigri. Et pourtant, Naipaul est parvenu à susciter ma sympathie, à éveiller chez moi un sentiment intense pour ce personnage antipathique. Sur des pages et des pages de détails minutieux, de gestes insignifiants répétés à l'envi, de monologues intérieurs, l'auteur s'installe dans le *pas assez bien*, tissant une parenté profonde avec notre monde tout sauf parfait. Vu de l'intérieur, monsieur Biswas, cet homme acariâtre et mesquin, est un bâtisseur de rêves, et ses combats, comme les nôtres, portent la marque d'un héroïsme bien à lui. En cela, sa vie possède la même ambivalence que la nôtre : publique et privée, ordinaire et pourtant unique. Mais vu de l'extérieur, il n'est qu'un « type » : amer, frondeur, envieux – et en somme un raté. Par moments, le roman est répétitif, il y a des longueurs. La vie de monsieur Biswas paraît sans intérêt. Mais c'est précisément cette apparente insignifiance qui donne une telle profondeur à son histoire. Naipaul a insufflé la vie dans ce qui était inerte. Le cheminement laborieux et prosaïque de monsieur Biswas n'est pas si différent du nôtre, ou en tout cas de l'impression qu'il doit donner de l'extérieur. Et, tandis qu'on s'identifie à son sentiment d'insignifiance, cette lecture nous aide à appréhender nos propres peurs. Lorsque monsieur Biswas tombe sur les portraits satiriques de Dickens, il est soulagé de découvrir qu'existe dans un livre une version grotesque de lui-même. Il assimile la caricature sans être miné par un sentiment de peine et d'isolement. Il n'est certes qu'un moins-que-rien, mais Dickens a dépeint des moins-que-rien pires que lui.

> C'est alors qu'il découvrit le réconfort de Dickens. Sans difficulté, il transféra les personnages et le décor à des gens et des endroits connus de lui. Dans les personnages grotesques de Dickens, tout ce qu'il craignait et qui le faisait souffrir se trouvait ridiculisé et diminué, de sorte que sa propre colère, son propre mépris devenaient inutiles, et il y puisait la force de supporter la partie la plus pénible de la journée : s'habiller le matin, cette affirmation quotidienne de confiance en soi, qui

par moments représentait pour lui un acte de sacrifice[4].

Le miracle de la lecture permet ce double mouvement, singulier, d'identification et de dissociation. Lorsque monsieur Biswas « découvr[e] le réconfort de Dickens », lui qui trouvait si difficile de manifester de la compassion ou de réprimer sa colère, est miraculeusement sauvé par la vie secrète de personnages fictifs. Ces textes rendent inutiles « sa propre colère, son propre mépris », car ces émotions ont été pacifiées par la plume de Dickens. Même un « moins-que-rien » devient quelqu'un lorsqu'on en fait un personnage.

Les romans ont le pouvoir d'élargir le vécu. Ils produisent le contraire de ces nécrologies d'une sécheresse à pleurer, qui réduisent un ami cher à quelques dates ne rendant absolument pas compte de ce qui animait cette personne ni de ce qu'elle nous a apporté. Naipaul se plaît à contraster ces résumés succincts avec des évocations plus nourries. Comparons par exemple les deux passages suivants : le premier est la notice minimaliste qu'aurait pu écrire un journaliste pressé, manquant de temps et ne connaissant pas personnellement l'homme dont il parle. Elle est totalement dépourvue d'épaisseur psychologique, ne dit pas un mot des joies ni des épreuves traversées par le défunt :

> Dix semaines avant sa mort, Mr Mohun Biswas, un journaliste de Sikkim Street, Saint-James, Port of Spain, fut congédié. Il avait été malade pendant quelque temps. En moins d'un an, il avait passé plus de neuf semaines au Colonial Hospital, et sa convalescence chez lui s'était prolongée plus longtemps encore. Lorsque le médecin lui conseilla de prendre un repos complet, le *Trinidad Sentinel* n'eut pas le choix. Elle donna à Mr Biswas un préavis de trois mois et continua jusqu'à son dernier jour à lui faire chaque matin le service du journal[5].

Très terre à terre, précipitée, cette description nous apprend extrêmement peu de choses. On présume simplement, à la lire, que monsieur Biswas était journaliste, qu'il est tombé malade, a été licencié, mais (notez le détail merveilleusement superflu) qu'il continua à recevoir gratuitement son quotidien. Pas un mot de ses tourments, de son mariage, de ses rêves ; seulement l'insinuation que sa vie se résumait à ces quelques lignes. Comparons à présent ce résumé sommaire avec le passage introspectif suivant :

> Chaque homme, chaque femme qu'il [Mr Biswas] voyait, même de loin, lui donnait un sursaut de panique. Mais déjà il s'y habituait. Ce sentiment était inhérent à la souffrance de vivre. Tandis qu'il roulait, il découvrit à sa souffrance une profondeur nouvelle. Chaque objet qu'il n'avait pas vu depuis

vingt-quatre heures faisait partie de son passé sain et heureux.

Tout ce qu'il voyait à présent était souillé par sa peur, chaque pré, chaque maison, chaque arbre, chaque tournant de la route, chaque éminence, chaque dépression. De sorte que du seul fait de regarder le monde, il détruisait peu à peu son présent et son passé[6].

En creusant la surface de la banalité, Naipaul nous fait pénétrer au plus profond des angoisses de son protagoniste. L'épaisseur de sa vie resurgit dans le grain d'un arbre, le tournant d'une route, les secousses – tous éléments aussi chargés de souvenirs qu'ils sont invisibles au regard extérieur. De telles émotions ne figureraient jamais dans une nécrologie ; elles ne sont pas évidentes ni particulièrement suggestives. Comme celle de monsieur Biswas, nombre d'existences baignent dans ce genre de fièvre muette, de drames primordiaux qui ne se révèlent que dans les fissures ouvertes par l'art.

Tchékhov : la peur d'être invisibilisé

Il est facile de tomber sous le charme de Tchékhov et de projeter sur ses personnages attachants le désir du Bien. Facile également pour une personne qui se cherche des modèles de passer à côté de son ironie. Je me souviens de la première fois que j'ai lu « Douchetchka ». Je me suis sentie tellement comprise ! C'est tout moi, me disais-je. Comme Olenka, qui tombe éperdument amoureuse à chaque nouvelle rencontre, moi aussi je m'entichais d'une philosophie après l'autre, embrassant passionnément de nouvelles croyances en oubliant aussi sec les précédentes. Tolstoï a reproché à Tchékhov le portrait satirique de son héroïne. Il n'y a rien de mal, écrivit-il, à tomber amoureux « de l'absurde Koukine, de l'insignifiant marchand de bois et de l'antipathique vétérinaire ». Il louait pour sa part la générosité d'Olenka à aimer sans discrimination. L'amour, ajouta-t-il, « n'est pas moins sacré qu'il s'attache à un Koukine ou à un Spinoza, un Pascal ou un Schiller, ou encore que son objet change aussi rapidement que pour la Douchetchka ». Le mot « sacré » ne dut pas manquer d'irriter Tchékhov. Écrire une histoire (souvent pour payer ses études de médecine) ne visait pas pour lui à promouvoir l'amour sacré, ni quoi que ce soit d'autre de sacré. Contrairement à Tolstoï ou à Dostoïevski, toujours passionnés par les âmes simples et vertueuses, l'archétype du fou sacré n'intéressait pas Tchékhov. Avec Olenka, il ne cherchait pas à célébrer un modèle de femme vertueuse, mais en l'observant peut-être tentait-il de comprendre ce besoin humain de s'attacher *absolument* à un être ou une croyance – amant, enfant, animal de compagnie ou religion. Tchékhov, ce n'est pas anodin, était parfaitement conscient des dangers de tous les absolus. Pourquoi les gens sont-ils si désireux de définir l'innocence, la bonté ou le talent ? Il était avant tout médecin et il avait beaucoup de travail : construire des écoles, soigner les alcooliques, aider les ouvriers à se remettre sur pied. C'est un autre médecin, le docteur Jivago de Pasternak, qui trouva les mots parfaits pour définir Tchékhov. Il l'admirait pour « sa réserve et sa modestie quant à ces sujets de haute volée que sont les fins dernières de l'humanité ou son salut. Non qu'il n'y songeât jamais […], mais en parler lui semblait […] prétentieux, présomptueux[7]. » Quand Wittgenstein et Tolstoï voulaient être des gens ordinaires, voire médiocres, Tchékhov n'avait que faire d'être noble ou humble, médiocre ou excellent. Un tel désintérêt, le libérant de tout examen narcissique, lui permettait de vivre dans *leur* présent, d'être attentif à *leurs* besoins. C'était une question de présence, non pas d'idéologie ou d'image de soi. Maxime Gorki, qui doit tant à Tchékhov, fit de lui le portrait suivant, tenant ses qualités discrètes pour les signes de son extrême *bienveillance* :

> En présence d'Anton Pavlovitch [Tchekhov], chacun ressentait un désir inconscient d'être plus simple, plus vrai, plus authentique, et j'ai eu maintes occasions d'observer comme les gens abandonnaient à son contact leur attirail de grandes phrases livresques, d'expressions à la mode, et autres colifichets dont

> les Russes, dans leur souci de paraître Européens, aiment à se parer, comme les sauvages s'affublent de coquillages et de dents de poissons. [...] J'ai remarqué que, s'il venait à croiser l'un de ces individus travestis, il était pris d'un besoin irrépressible de se libérer de ces leurres ennuyeux et vains qui masquaient le vrai visage et l'âme vivante de son interlocuteur. Toute sa vie, Pavlovitch [...] a été authentique, un esprit libre totalement détaché de ce que certains attendaient et d'autres – moins délicats – exigeaient d'Anton Tchékhov[8].

Cette citation cristallise en quelque sorte les principales découvertes que j'ai faites au fil de ces pages. Ce qu'ont en commun les puissantes émotions que m'a procurées la lecture de George Eliot, Levinas ou Spinoza, c'est de me donner envie de renoncer aux postures, aux performances, et d'abandonner tous les « leurres ennuyeux et vains » derrière lesquels je tends à me dissimuler.

Tchékhov donne aux gens cette volonté : renoncer aux paillettes du pouvoir, laisser de côté son orgueil. Sa méthode ? Prêter attention au « véritable visage et à l'âme vivante de son interlocuteur ». Comment y parvient-il ? En portant sur les gens un regard différent, une fois déposé l'« attirail de grandes phrases livresques, d'expressions à la mode ». Se tenant à légère distance, il ne se concentrait pas sur leurs différences mais sur ce qui le liait à eux. Si Tchékhov était libre intérieurement, c'est parce qu'il relativisait les hiérarchies et les classements, qui sont si souvent le produit d'une peur de ne pas être à la hauteur.

Il n'est pas étonnant, dès lors, qu'à la lecture des pièces ou des nouvelles de Tchékhov, on ait parfois du mal à identifier un système de pensée. Ce « tueur d'idéaux », comme l'appelait le philosophe Chestov, non seulement marchait « voûté, la tête basse, sans jamais lever les yeux au ciel, où il ne lirait jamais aucun signe[9] », mais s'arrangeait pour que cette démarche « voûtée » intrigue et arrête ses lecteurs. Tchékhov avait ce rare talent de prêter attention à ceux qui n'occupent pas le devant de la scène. Les pièces et les nouvelles de ce grand peintre des désirs non réciproques sont peuplées de personnages qui peinent à distinguer la réussite du bien. Ses anti-héros courent après des succès aussi éphémères que destructeurs. Et pour ceux de ses personnages qui sont écrivains, si vous n'êtes pas Tolstoï ou Tourguéniev, vous êtes un raté, un médiocre. Trigorine, le vaniteux homme de lettres de *La Mouette*, est le premier à prendre conscience de ce piège. Dans une longue tirade remarquablement lucide, il se décrit lui-même comme son plus grand ennemi, l'impitoyable critique né de sa propre infatuation. Le public, se lamente-t-il, ne lui donnera jamais ce qu'il veut. Et si jamais il le faisait, il n'y croirait pas. Être bon ne sera jamais être *suffisamment bon*.

> Mais l'œuvre à peine parue, je la trouve détestable ; non, ce n'est plus ça du tout, c'est une erreur, j'aurais mieux fait de ne pas l'écrire... et je suis dépité, déprimé. *[Il rit.]* Quant au public, il dit : « ... Oui, c'est gentil, il a du talent... C'est gentil, mais cela ne vaut pas Tolstoï » ; ou encore : « C'est une œuvre charmante, mais *Père et Fils*, de Tourgueniev, c'est autre chose. » Ainsi, jusqu'à la fin de mes jours, tout ce que je ferai sera gentil et plein de talent, mais sans plus. Après ma mort, en passant devant ma tombe, mes amis diront : « Ci-gît Trigorine. C'était un bon écrivain, mais il écrivait moins bien que Tourgueniev [10]. »

À quoi bon se donner du mal si l'on ne peut pas être le meilleur, si l'on ne peut pas être « aussi bon que Tourgueniev » ? Quels que soient les éloges dont le public gratifie Trigorine, ils ne le combleront jamais. Jouer les seconds violons derrière les grands auteurs ruine instantanément son bonheur. Quelle ironie de la part de Tchékhov, quand on sait que Tolstoï lui-même affirmait *ne pas* vouloir être *aussi bon que Tolstoï*, dans son aspiration à la médiocrité. Le jeu des comparaisons n'est que trop humain et se rejoue sans cesse, en toute occasion, que l'on reçoive trop ou pas assez d'éloges.

Si une réception trop tiède de votre œuvre est difficile à endurer, le succès ne sera pas forcément plus facile. Nietzsche, toujours à contre-courant, se moque de la médiocrité pour, l'instant d'après, railler la rançon de la gloire. À peine êtes-vous au sommet, suppose-t-il, que cet apogée pourrait se transformer en véritable enfer existentiel, en image de soi désastreuse. Au lieu de résonner éternellement et de vous donner une énergie grisante, la victoire peut vous secouer comme le mal des transports :

> La nature humaine supporte plus difficilement la victoire que la défaite. J'inclinerais même à penser qu'il est plus aisé de remporter une pareille victoire que de faire en sorte qu'il n'en résulte pas une profonde défaite [11].

Puisque nous dépendrons toujours du jugement des autres, au gré de leurs succès et de leurs échecs, pourquoi ne pas réviser nos attentes ? Voyons comment Tchekhov y parvient. Dans *Oncle Vania*, le personnage d'Astrov se passionne pour les anciennes forêts russes, leurs bouleaux, leurs érables, leurs sapins. Il a remisé ses ambitions personnelles pour se consacrer aux bois. « Son plaidoyer enflammé pour la conservation des forêts constitue la plus longue tirade de la pièce », remarque un critique, en ajoutant toutefois qu'il prêche dans le désert. Son entourage, qui préférerait le voir briller comme médecin, dénigre son amour des forêts comme une lubie insensée. Ils se retrouveraient beaucoup plus facilement dans une autre forme d'ambition : la popularité d'un illustre médecin. Le goût des forêts d'Astrov est à l'image du scepticisme de Tchékhov quant à toute forme de gloire personnelle. Louer la beauté des bouleaux et des chênes, leur force immuable, est sa réponse aux limites de l'humain, à son anomie narcissique[12]. Mais, s'il est tentant de se ranger derrière Astrov en qui l'on reconnaîtra notre souci, de la déforestation, l'on peut aussi comprendre les angoisses des autres personnages, qui lui reprochent de « gâcher » sa réputation et sa compétence de médecin[13]. J'imagine volontiers la scène dans un bureau, sur un campus universitaire ou même dans un repas de famille : l'incitation à suivre des voies plus ambitieuses est généralement dictée par la peur. Les parents qui veulent voir leur rejeton prouver quelque chose au monde, l'employé qui est méprisé par son supérieur, l'écrivain qui se tourmente de ne pas publier assez : dans tous ces cas, il ne s'agit pas seulement d'exhiber sa réussite, mais de la peur d'être invisibilisé.

Le passage suivant est une magnifique ode à cette invisibilité. Sauver la forêt ne servira peut-être à rien, reconnaît Astrov, mais il s'y attelle néanmoins, un arbre après l'autre :

> Quand je passe devant les bois des paysans que j'ai sauvés de la hache, ou quand j'entends bruire ma jeune forêt, plantée de mes propres mains, j'ai conscience de ce que le climat, lui aussi, est un tant soit peu en mon pouvoir, et que si, dans mille ans, les hommes sont heureux, eh bien, ça sera aussi,

un tant soit peu, ma faute à moi. Quand je plante un jeune bouleau, que je le vois se couvrir de feuilles et se balancer dans le vent, mon âme s'emplit de fierté, et je… *(Voyant le valet de ferme qui lui apporte un petit verre de vodka sur un plateau.)* N'empêche… *(Il boit.)* Il est temps que j'y aille. Tout ça, sans doute, c'est des histoires de toqué, en fin de compte. J'ai bien l'honneur de vous saluer[14] !

Notons que Tchékhov se garde de présenter Astrov comme un sauveteur de la nature sûr et fier de lui. Peut-être se moque-t-il ici gentiment de la compétition, façon Tolstoï, pour le prix de l'auteur le plus vertueux ? Et, geste tout à fait typique, il interrompt brusquement l'élégie d'Astrov en lui faisant porter un verre de vodka. En manière d'ode à l'*assez bien*, Tchékhov décrit une activité fondamentale – planter des arbres pour les générations futures – en la laissant dans l'ombre, sous-évaluée, jamais glorifiée. Il nous revient, une fois encore, de déceler l'exceptionnel au sein de l'ordinaire, de nous accrocher aux balancements puissants d'une jeune pousse de bouleau.

Ce qui est poignant, ici, c'est que derrière la supposée futilité de son geste, la détermination d'Astrov à planter des arbres possède sa perfection propre. Il agit, en effet, sans attendre en retour aucune rétribution personnelle ; et du fait même de ce désintéressement naît une relation personnelle pleinement incarnée avec la nature. La réputation ne compte pour rien ; elle est discréditée comme un objectif égoïste et inutile. Quel contraste avec *Les Trois Sœurs*, du même Tchékhov, où toute la vie des personnages tourne autour de l'espoir de partir pour Moscou et d'y devenir quelqu'un. La pièce est ponctuée par ce leitmotiv : « Oui ! Aller à Moscou, vite, très vite. »

Or, évidemment, le sentiment de manque des sœurs ne sera jamais comblé par un quelconque changement de lieu. Comme nombre de ses concitoyens, Tchékhov était un grand lecteur de Schopenhauer ; le passage suivant donnera une bonne idée de cette insatisfaction pathologique que le dramaturge moque gentiment :

> Le bonheur, dès lors, se trouve toujours dans l'avenir, ou aussi dans le passé, et le présent peut être comparé à un petit nuage sombre que le vent chasse au-dessus de la surface ensoleillée : devant et derrière lui tout est lumineux, lui seul projette toujours une ombre. Le présent est ainsi éternellement insuffisant [...] [15].

Ainsi, je n'étais pas la seule à avoir été infectée par la conception pessimiste du bonheur selon Schopenhauer. Les trois sœurs de Tchékhov étaient également victimes de l'anomie de rêves irréalisables. En se focalisant sur leurs fantasmes au lieu de les adapter, elles ne font qu'exacerber leur phobie de la médiocrité et s'y enferrer – tout l'envers du *conatus* de Spinoza.

C'est sur fond de cet ennui existentiel que le parcours d'Astrov, d'abord joué en mode mineur, en vient à incarner l'excellence aristotélicienne. À l'insu de ses patients, il injecte de minuscules graines de changement dans le vaste paysage russe ; d'infimes transformations qui finissent par être plus héroïques que n'importe quel mirage moscovite. En effet, le fait d'atteindre en conscience un certain degré d'excellence dans un tout petit domaine est en soi exceptionnel. Car l'exceptionnel, notamment lorsqu'il nous confère une utilité accrue aux yeux des autres, sans parler d'une connexion plus profonde avec le meilleur en nous, l'exceptionnel donc a un pouvoir de transformation que seule la littérature sait éclairer. Tchékhov suggère que nous ne savons pas voir ce que nous avons sous les yeux et qui constitue la majeure partie de nos journées. Et pourtant, c'est dans cet espace prosaïque que les miracles ont lieu. S'efforcer de persévérer dans son être, comme le dit Spinoza, découvrir ce en quoi il est le meilleur, est l'antidote d'Astrov contre l'insatisfaction (à laquelle il n'échappe pas lorsqu'il n'est pas occupé par ses arbres). Aveuglés par leur crainte d'être insignifiants, nombre de protagonistes de Tchékhov sont incapables de voir au-delà de leur temporalité. Bien souvent, ils sont étouffés par des vies parallèles fantasmées, des rêves chimériques qui ne se concrétiseront jamais.

Une autre histoire fondamentale pour illustrer la peinture délectable par Tchékhov des ironies de la vie, de notre confusion permanente entre l'*assez bien* et le *pas assez bien*, est *La Cigale*, dont le personnage central, Olga Ivanovna, est une femme n'ayant que mépris pour tout ce qui flirte avec la banalité. Les paillettes et la gloire illusoire sont au cœur du récit. C'est une leçon magistrale sur les représentations erronées qu'on se fait des autres, et sur le peu qu'on sait d'eux en réalité. L'héroïne de Tchékhov, une sorte d'Emma Bovary russe, se repaît des signes extérieurs du prestige, tout en étant insensible à la profondeur et au génie de son mari, un modeste étudiant en médecine. Tchékhov aime souligner le contraste entre les personnages discrets et les poseurs. Olga Ivanovna s'entoure tellement d'artistes autoproclamés et de demi-célébrités qu'elle n'en voit plus son époux Dymov, un homme pourtant destiné au genre de postérité dont elle n'ose même pas rêver :

> Elle adorait les hommes à la mode, elle en était fière, elle les voyait en songe chaque nuit, elle en avait comme une soif qu'elle n'arrivait jamais à désaltérer… Les uns s'en vont, qu'elle oublie ; d'autres les remplacent, mais elle s'habitue bien vite, et, ne les trouvant plus à son goût, elle cherche avidement de nouveaux grands hommes ; toujours

elle en découvre, toujours elle en cherche d'autres, sans répit, sans fin... Pourquoi [16] ?

Ces « nouveaux grands hommes » n'existent que pour être admirés et consacrés par d'autres célébrités. Ils ont quelque chose d'enivrant, ils brillent de mille feux, mais leur prestige est de courte durée, cédant bientôt à l'ennui et la frustration. Leur attrait finit toujours par être obscurci par le nouvel artiste à la mode. La fraîcheur de ces « nouveaux artistes » s'éventera elle aussi, tout comme le désir d'Olga pour des sensations extrêmes. Eux aussi ont une durée de conservation limitée. La nouvelle de Tchékhov oppose à ces amateurs de sensations fortes Dymov, le mari mal-aimé d'Olga. Ce personnage flegmatique, délicieusement modeste, est évincé par la coterie des vedettes en raison de sa « douceur », de son excessive gentillesse. Épuisé par ses dissections et la rédaction de sa thèse, s'imposant un travail supplémentaire pour offrir des bijoux à sa femme, il fait bien triste figure parmi les stars autoproclamées. Et pourtant, à l'insu d'eux tous, en particulier de son épouse, le mari trompé est en réalité le seul à avoir quelque consistance. Celui qu'Olga présente comme son « petit toutou » se révèle être un « grand scientifique ». À la fin de l'histoire seulement, on comprend où Tchékhov veut en venir : amener ses lecteurs à comprendre que les plus grands talents sont souvent invisibles et sous-estimés.

Ce n'est que sur son lit de mort que le véritable génie de Dymov apparaît, révélé par un collègue admiratif :

> Oh mon Dieu, quel savant il serait devenu !... on n'en trouvera plus un pareil [...] La belle âme, tendre, affectueuse, pure comme une glace transparente. À la science il avait sacrifié sa vie entière, et c'est pour la science encore qu'il meurt !... Il travaillait comme un bœuf, jour et nuit, et personne au monde ne le ménageait ; ce jeune savant, ce futur professeur devait courir la clientèle et faire des traductions la nuit, afin de payer ces maudits... chiffons !

Voilà que cet homme embarrasse Olga Ivanovna : ce prétendu raté, dont elle justifiait à contrecœur la présence à la foule de ses admirateurs fugaces, se révèle être un homme exceptionnel, une future célébrité. Ce qui intéresse Tchékhov ici est le décalage entre le travail inlassable fourni par Dymov, sa compassion envers les malades, et la façon dont la plupart des gens se méprennent sur son compte. Tchékhov souligne aussi l'indifférence du personnage pour la notoriété. Les regrets superficiels de sa femme – *comment a-t-elle pu manquer les signes de sa future gloire* – ne sont qu'une nouvelle illustration de sa cécité :

> Olga Ivanovna se rappela toute sa vie avec Dymov, du premier jusqu'au dernier jour, dans les

> moindres détails ; et elle reconnut soudain que c'était vraiment un homme rare, extraordinaire, et, comparé à tous ceux qu'elle connaissait, un homme vraiment grand. Puis, elle se ressouvint combien il avait toujours été considéré par feu son père, à elle, et par tous ses collègues, elle comprit que tous voyaient en lui une future gloire.

À de nombreuses reprises, Tchékhov emploie le mot « ordinaire », soulignant combien il est connoté négativement. Par exemple, Olga Ivanovna évoque non sans condescendance le caractère « ordinaire », la simplicité de Dymov, appelant ses amis à la rassurer sur ce point. Elle les harcèle en leur répétant : « il y a quelque chose en lui », attendant d'eux qu'ils légitiment son choix. Sans leur approbation, son mariage entacherait inexplicablement sa réputation. Elle cherchait à être confortée, expliquant à ses amis « pourquoi elle épousait un homme simple, que rien jusqu'alors n'avait signalé à ses contemporains ». Cependant, jusqu'à la fin, elle persiste à cataloguer ainsi Dymov : il a beau passer du statut « d'homme ordinaire » à celui de « future gloire », elle ne le voit qu'à travers les yeux des autres. Elle ne se départ pas de la croyance selon laquelle le caractère remarquable ou ordinaire d'un homme serait perceptible de l'extérieur. Alors qu'il est trop tard, que Dymov est à l'agonie, Olga est témoin de cet hommage que lui rend un collègue :

« Il se meurt ! » répéta Korostelev d'une voix grêle ; et de nouveau, il sanglota. « Il se meurt, parce qu'il s'est volontairement sacrifié… Quelle perte pour la science ! » fit-il avec amertume. « Si nous le comparons avec nous tous, Dymov était vraiment un esprit hors norme, un grand homme ! Que n'espérions-nous pas de lui ! » [17]

Chapitre 12

L'excellence invisible

Dans la période récente, personne n'a été plus explicite qu'Elena Ferrante sur son choix de garder l'anonymat. Son souhait de rester invisible est motivé par un ensemble de facteurs, fort instructifs quant à la question de l'*assez bien*. Un aperçu de sa crainte constante de ne pas produire suffisamment, d'être coupable d'imposture, d'être moquée par les élites comme par la classe populaire nous est donné via les épisodes dépressifs du personnage d'Elena/Lenú. Celle-ci est minée par la peur de ne pas être à la hauteur, une angoisse inhibante dont Ferrante pour sa part s'est protégée en décidant de ne pas se montrer au public, en renonçant radicalement à la notoriété [1]. En tant qu'autrice, confia-t-elle sous pseudonyme au *Guardian*, Ferrante suit certaines règles intangibles, qui visent à la protéger « de toute forme de pression ou d'obligation sociale », et lui éviter de « se sentir liée à ce que pourrait devenir [son] image publique ». Grâce à cette dissimulation volontaire, elle espère « se concentrer exclusivement et avec une liberté totale sur l'écriture et ses stratégies ».[2]

Le moi sous pseudonyme

Pouvoir se jeter dans la fiction sans craindre d'être raillée ou survalorisée était également le souci de George Eliot, la jeune Mary Ann Evans. Le succès, estimait-elle, risquait de déformer son caractère, de la corrompre, elle comme l'authenticité de son écriture. Une crainte à comparer à celle de Ferrante qui, après la parution de *L'Amour harcelant*, déclara qu'elle « n'avait pas l'intention de faire quoi que ce soit [...] qui puisse impliquer publiquement [s]a personne ». Elle « ne participerait pas à des débats ou des conférences », « ne viendrait pas à la remise de prix qu'elle recevrait éventuellement », « ne ferai[t] jamais aucune promotion de [son] livre... »[3] Pourquoi donc cela ? Ferrante avait été impressionnée par une autre romancière victorienne, qui avait également revendiqué l'anonymat : que, « au cours de sa brève existence, [Jane Austen] ait publié ses livres de manière anonyme fit une forte impression sur la jeune fille que j'étais à 15 ans ». Qu'elle ait été inspirée par Austen ou Eliot, Ferrante avait d'abord eu une intention encore plus radicale que l'anonymat : celle de ne pas publier du tout. Au début, dit-elle en effet, « je n'avais pas l'intention de publier ni de faire lire aux autres ce que j'écrivais ».

> Cela m'a amenée à ne pas me censurer. J'entends par là que couper l'auteur – au sens médiatique du terme – du résultat de l'écriture crée un espace nouveau. Avec *Les Jours de mon abandon*, pour la première fois j'ai eu l'impression que le vide créé par mon absence était comblé par l'écriture elle-même.[4]

C'est là une autre des voies discrètes que peut emprunter la notion d'*assez bien*. Dans le cas de Ferrante, néanmoins, cela s'accompagne d'une implication profonde dans son métier et dans ses livres, si chronophage en soit la construction. Elle voulait être sûre de ne pas avoir à sacrifier ses choix personnels aux lois du marché.

J'ai parlé plus haut de l'idée de Sennett selon laquelle la vie bonne résulterait d'une centaine de petites choses insignifiantes. Ses propos pourraient aussi bien s'appliquer au douloureux processus d'écriture. Ferrante avait besoin de se libérer la tête de tout le battage inattendu qui accompagne la gloire comme l'échec :

> Je voulais que mes livres s'affirment par eux-mêmes, sans mon appui. Ce choix suscita une petite polémique dans les médias, dont la logique est de faire surgir des personnalités sans tenir compte de la qualité de l'œuvre, de sorte qu'il semble naturel que des livres mauvais ou médiocres signés d'une figure médiatique méritent plus d'attention que des livres qui sont peut-être de meilleure qualité, mais écrits par un inconnu. Mais aujourd'hui, ce qui

compte le plus pour moi est de préserver un espace de création qui me paraît riche de multiples possibilités, notamment techniques. Comment l'absence structurelle de l'auteur affecte l'écriture : c'est un phénomène que j'aimerais continuer à explorer.

La solitude a ses avantages : elle permet un détachement, ouvre des possibilités. Se libérer de l'opinion publique, à cet égard, permet une relation pure avec la matière, une indépendance par rapport aux modes. Il y a une jubilation mauvaise dans les médias à condamner le livre « médiocre » d'un auteur connu, comme à laisser dans l'ombre le coup de maître d'un inconnu. Comme nous l'avons vu avec d'autres qui ont joui ou souffert de rivalités, il est impossible de s'extraire de ces situations d'hypervigilance.

Si écrire sous un nom de plume offre l'énorme avantage d'éviter la peur du *pas assez bien*, l'auteur anonyme est un tout autre animal que les praticiens du juste milieu évoqués dans ce livre. Écrire sous anonymat aide à contenir le désir de succès face à un public inconnu ; mais, même si cela réduit la peur de l'échec, ce choix procède bien de ces mêmes désirs et de ces mêmes craintes. La notion d'*assez bien* s'applique au processus, non au résultat ; à la vie vécue, non au jugement porté sur elle. L'anonymat de Ferrante, quant à lui, est une réponse à son rejet des médias, en particulier à « l'autopromotion – jusqu'à l'obsession – imposée par les médias ». Elle repousse cette « exigence d'autopromotion », qui n'a selon elle d'autre effet que de « minimiser l'œuvre d'art réelle, quel que soit cet art [...]. Les médias sont tout bonnement incapables d'aborder une œuvre littéraire sans se référer à un auteur-héros. »[5] Cette analyse ne renvoie-t-elle pas à un désir d'anonymat qui est en même temps une crainte de l'anonymat ? N'est-ce pas interroger légitimement notre héritage que de se demander qui reconnaîtra notre vision du monde originale, ou de craindre que la réponse soit : personne.

Rater sa vie fait partie de la vie

Il n'est pas facile de décrire le sentiment obsessionnel qu'inspire la crainte de la médiocrité : un mélange de frustration et de dégoût, comme un accès de désir non partagé. Le plus délicat est que l'objet du désir est généralement indéterminé : c'est un mirage qui tour à tour surgit et disparaît. Cela paraît petit de regretter telle chose qu'on aurait pu accomplir, telle occasion manquée qui aurait pu tout arranger dans notre vie. Sans parler des perspectives purement et simplement gâchées. Et que dire de cette voix insidieuse, qui vous susurre qu'il est trop tard pour réussir, que vous avez raté le coche et que tout ce qu'il vous reste, c'est le bien triste ici et maintenant ? Votre vrai rival, ce sont vos talents inexprimés, un ennemi bien plus sérieux que votre ancien cothurne de fac, ce rat de bibliothèque qui ne l'ouvrait jamais en classe et qui est devenu un célèbre animateur radio. Pour ne rien dire de votre grande rivale au lycée, une vraie *médiocre*, pour le coup, avec ses tenues ringardes, qui vient d'être nommée rédactrice en chef de votre revue préférée. Quel affront de se retrouver la plus médiocre des deux. Mais au moins, là, il y a quelqu'un à détester plus que vous-même. Le plus intolérable est clairement le premier scénario : de jalouser la personne que vous auriez pu devenir.

C'est précisément ce que montre Adam Phillips dans le prologue de *La Meilleure des vies. Éloge de la vie non vécue*. Son analyse de la vie non vécue touche d'autant plus juste qu'elle oppose nos accomplissements aux alternatives fantomatiques, mais ô combien plus réussies, que nous aurions souhaité incarner. Pourquoi, demande Phillips, ces vies parallèles nous échappent-elles, et pourquoi leurs promesses ne se réalisent-elles jamais ? Comment une chose qui n'existe pas, une version de nous-mêmes au mieux rêvée, peut-elle enfoncer un coin aussi douloureux en nous ?

> Il y aura toujours la vie que nous avons menée, et la vie qui a accompagné la vie que nous avons menée, la vie parallèle ou les vies parallèles qui n'ont jamais réellement eu lieu, que nous avons vécues en imagination, nos vies souhaitées [...]. Nous nous référons à elles comme à nos vies non vécues parce que nous croyons, au fond, qu'elles s'offraient bien à nous [...] [6].

Phillips veut-il dire que nous sommes gouvernés par un double, un critique impitoyable ? Dans ce cas, vivre serait une situation bien inconfortable, une cohabitation éprouvante, où une voix étrangement familière murmurerait à notre oreille, nous poussant à faire plus, nous reprochant de ne jamais en faire assez, nous comparant sans cesse à notre double intérieur. Vivre ces deux existences simultanées suppose une constante discordance temporelle. Notre perception du présent est éclipsée par des ambitions non réalisées ; nos projets pour le futur sont entravés par un « deuil prolongé » d'expériences jamais vécues. Cette intranquillité peut certes nous pousser en avant, nous inciter à l'action, mais elle prive aussi la vie de son immédiateté. Être si vivement conscients de notre potentiel risque simplement de nous barrer l'accès à l'une des plus grandes conditions du bonheur : accepter que nos limites puissent être des atouts plutôt que des obstacles.

> Nous sommes habités par le mythe de l'avenir prometteur, de ce qu'il y aurait en nous que nous pourrions être ou faire. Aussi, quand nous ne pensons pas, comme le dit un personnage du poème de Randall Jarrell, que « les manières de manquer nos vies sont la vie », éprouvons-nous du chagrin, du regret, ou du ressentiment devant notre échec à être ce que nous imaginions que nous pouvions être. Nous partageons nos vies avec les gens que nous avons échoué à être[7].

Phillips nous met dans le même sac que les personnages tragiques qui voient leurs rêves s'évaporer, leur destin ruiné par un alter ego hypercritique. Les possibles, réduits ici à une parodie de la puissance d'agir spinoziste, deviennent une alternative malfaisante à la réalité, l'œil omniscient qui ne retient que les échecs et les désillusions. Et si manquer sa vie, c'est en effet encore la vivre, alors une partie du problème est d'avoir bradé le possible au profit de l'ostentatoire, la mesure au profit de la gloire éphémère.

Voltaire a dit que le mieux était l'ennemi du bien[8], mais il aurait pu ajouter que le bien aussi est une forme d'excellence, simplement jouée en mode mineur. Libérés de la camisole du jugement impérieux, nos hérauts de l'*assez bien* ont troqué la souffrance de ne pas être reconnus contre le plaisir de reconnaître chez les autres des qualités discrètes. Aussi, au lieu d'être défaits par leur vie ordinaire, ils se sont épanouis dans un statut qui pour eux n'a rien d'inférieur. Tout leur talent, en effet, a été de vivre en dehors de ces cruelles catégories. Ainsi ont-ils conquis la liberté de vivre dans le présent – « Le moment présent suffisait, contenait tout[9] » (V. Woolf).

En guise de conclusion

Qu'est-ce qui m'a donné envie d'explorer la notion d'*assez bien* ?

En vérité, des petites choses. Qui n'a pas eu un ami, un partenaire, un parent, un frère ou une sœur, quelqu'un qui sans le vouloir a exacerbé ce sentiment de ne pas être à la hauteur ? Que ma sœur ait su dire « hélicoptère » à 18 mois alors que je n'ai pas su lire l'heure avant mes 9 ans paraît complètement dérisoire, et pourtant cela a faussé ma relation au monde. Je pourrais encore mentionner mon premier amour, qui ne me trouva quelque intérêt qu'une fois que j'aie lu tous les romans de Dostoïevski ? Ces détails semblent parfaitement futiles aujourd'hui ; ils font néanmoins partie d'une longue série de blessures et d'obstacles, d'une rééducation subtile de l'esprit et du cœur, qui finit par peser sur des décisions importantes. Notre chemin de vie compte bien des arrêts, des réactions en chaîne parfaitement inexorables quand elles interviennent sans laisser voir le lien subtil de la cause à l'effet. Bien avant l'épisode du demi-cerveau, j'étais convaincue du dicton : cancre un jour, cancre toujours.

Les pièces du puzzle de la vie que nous finissons par rassembler dépendent de ces offenses et de ces affronts, de ces moments d'autosatisfaction ou d'orgueil blessé, de l'emprise qu'ils exercent sur nous. Dans quelle mesure le succès ou l'échec d'un de nos proches détermine-t-il notre image de nous-mêmes ? Les talents, le charme, la violence, la gentillesse, l'impatience de ceux que nous aimons ou de qui nous voudrions être aimés dégonflent ou regonflent notre ego ; ils peuvent nous intimer le silence comme nous pousser à l'action. « Imaginez que vous êtes la sœur de Georgia O'Keeffe et que vous voulez être artiste, suggère un critique. Parviendriez-vous à effacer son œuvre de votre esprit pour créer vos propres images [1] ? » S'il n'y avait pas Georgia, les tableaux de phare peints par Ida occuperaient sans doute une place bien plus importante dans l'histoire de l'art. Comme elle, nous vivons dans l'ombre de tant de gens, et inversement nous volons leur soleil à d'autres. Notre destin aurait peut-être pris un autre tour, pour le meilleur ou pour le pire, si nous n'avions occupé telle ou telle place dans notre famille, si nous n'avions rencontré telle ou telle personne à certains moments-clés de notre vie.

La question de l'amour et de l'amitié, de leur rapport avec le sentiment d'être ou non à la hauteur, a resurgi inopinément alors que je relisais *L'Amie prodigieuse*, d'Elena Ferrante. Soudain, j'ai été ramenée à mon adolescence, où ma meilleure amie était ce qu'on peut appeler *la fille parfaite*.

Un peu plus âgée que moi, elle était tout ce que j'aurais voulu être. Elle n'était pas seulement drôle et cultivée, elle pouvait aussi vous raconter l'intrigue de n'importe quel film, elle imitait à la perfection Blofeld, le méchant emblématique dans James Bond, ou encore Max von Sydow dans le *Septième Sceau* de Bergman. Elle avait les taches de rousseur les plus craquantes qui soient. Ses cheveux étaient bouclés juste ce qu'il faut et, comble de misère, elle était incroyablement douée en dessin. À l'âge de 15 ans, elle couvrait les murs de sa chambre de fresques à l'italienne. Les louanges la laissaient indifférente, tout comme la foule de prétendants qui encombraient sa ligne téléphonique. Mon amie prodigieuse – appelons-la Callista – était une force qui va, même si personne ne savait encore où.

Callista devint actrice ; elle citait des romans pointus en interview ; elle était capable de parler de tout et de rien avec un à-propos stupéfiant. À côté d'elle, n'importe qui se serait senti la cinquième roue du carrosse. « Mais quel besoin a-t-elle d'être aussi cruelle ? » me demanda un jour un de ses amoureux éconduits. Cette cruauté aurait pu me valoir un petit ami, ai-je songé fugacement, mais je me contentai de lui sourire, en faisant mine d'être plongée dans le premier paragraphe de *Madame Bovary,* le roman préféré de Callista. Pendant plus de vingt ans, j'ai perdu contact avec mon amie prodigieuse. Elle avait abandonné sa carrière d'actrice et n'était jamais devenue peintre. Pensait-elle avoir gâché son talent ? Songeait-elle à son amie d'enfance, celle qui lui collait aux basques, comme à une personne qui avait réussi ? Tout cela s'organisait-il dans sa tête en termes d'*assez bien* et de *pas assez bien* ?

Des années plus tard, j'ai revu Callista. Nos retrouvailles furent tendues. Elle me demanda pourquoi je l'avais laissée tomber. Sans me donner le temps de répondre, elle m'avoua que j'étais, à l'époque, sa seule amie « sûre », la seule à qui elle ne craignait pas de dévoiler le fond de son âme. Puis vint cette glaçante révélation : « Mais quand tu as rencontré ton petit ami, là, je n'étais plus assez bien pour toi, toi et ta bande d'intellos branchés. » Quelle stupéfaction ! Ainsi nous avions toutes deux nourri la même peur. Toute à ma crainte de ne pas être à la hauteur, j'avais mal interprété son amitié, tout comme elle avait mal compris ma désertion. Mon désir de lui ressembler occupait tant de place dans mon esprit que je ne voyais plus en elle que ce que je n'avais pas. Je m'étais mise à pleurer quand mon petit ami (appelons-le Dimitri) m'avait donné un ultimatum : c'était elle ou lui. J'étais amoureuse, donc je l'ai choisi lui, et lorsque je reconstruis l'histoire aujourd'hui, je me dis qu'il est plus que probable qu'il soit devenu alors un avatar de Callista, la personne que j'avais besoin d'admirer, continuant ainsi le cycle du *pas assez bien*. Cela a sans doute l'air d'un banal petit drame lycéen ; c'est aussi un récit des origines assez typique – et pas seulement le mien.

Le cycle du *pas assez bien* fonctionne par imitation et rejet. Les fantômes de l'abandon ne cessent de nous hanter, resurgissant quand on les attend le moins. Que ce soit Callista ou Dimitri, ces passions de jeunesse ont laissé leurs scarifications. Leur vouer un culte m'a servi à voir mon propre échec à travers leurs yeux. Plutôt que de les laisser élargir ma vision du monde, j'ai préféré me concentrer sur ce qui n'allait pas chez moi. À partir de là, j'ai adhéré à la puissante rhétorique intellectuelle de Dimitri, qui a préparé le terrain, du moins est-ce ainsi que je l'analyse, pour me sortir de la médiocrité. Moi aussi je pouvais faire des études et, comme Callista, lire des romans difficiles, et me prendre la tête sur des films japonais. Mais j'étais si obnubilée – comment rompre avec cette image dégradée de moi-même – que j'ai échoué d'autres façons. J'aurais pu rester une assez bonne amie de Callista, au bon sens du terme, ni plus ni moins, mais cela, je ne le voyais pas. J'étais si focalisée sur mon propre sentiment d'insécurité que j'aurais été bien en peine de remarquer le sien. Son assurance et son humour me masquèrent son besoin de véritable affection, de normalité. Aujourd'hui encore, je ne sais toujours pas comment assimiler le fait que ce qu'elle voulait de moi était précisément ce que je méprisais en moi-même.

À présent, des décennies plus tard et grâce aux personnages d'Elena Ferrante, qui reflètent étrangement mon histoire personnelle, je crois que je sais pourquoi cette notion d'*assez bien*, avec ses contradictions et ses échappatoires, est aussi importante pour moi. Dans la saga napolitaine de Ferrante, deux amies se trouvent et se perdent, s'aiment et se détestent, se suivent de loin jusqu'à la vieillesse. Lenú a beau enchaîner les succès, elle vit avec la certitude qu'elle ne sera jamais assez bien pour Lila. Son précoce besoin de reconnaissance prend tellement de place dans son histoire, une histoire qui se répète, qu'il déborde sur toute son existence – l'amour, l'écriture, son enfant –, et ne fait que renforcer son sentiment d'imposture tandis que Lila, elle, restera l'authentique. « J'aurais toujours peur, avoue-t-elle, peur de dire ce qu'il ne fallait pas, d'employer un ton exagéré, d'être habillée de manière inadéquate, de révéler des sentiments mesquins et de ne pas avoir des idées intéressantes. » C'est cette dernière remarque qui me touche le plus. Quel effet produit exactement une idée intéressante ? Toutes nos pensées sont intéressantes pour nous, qu'elles soient douloureuses ou joyeuses, mais dès lors qu'elles s'échappent dans le monde, elles deviennent plus fragiles, risquant à tout moment d'être mal interprétées. Une pensée *assez bonne* ne devrait pas être un sujet d'inquiétude, mais du moment qu'elle est exprimée, elle ouvre les digues à nos doutes, qu'elle laisse flotter dans le lit du *pas assez bien*.

Spinoza nous incite à développer nos talents propres, mais pas dans le but d'obtenir des succès retentissants. Il s'agit bien plutôt de les affûter jusqu'à ce qu'ils deviennent un signe distinctif, une marque de fabrique. La dimension éthique d'efforts aussi discrets, aussi invisibles rejoint absolument le principe de l'*assez bien*. L'excellence que je recherchais autrefois renvoyait surtout à des idoles fantasmées, des figures idéalisées qui, comme je l'appris trop tard, couraient après leurs propres rêves chimériques. Pratiquer l'excellence en mode mineur, c'est changer de braquet, désapprendre ces schémas comparatifs, se concentrer sur le succès qui est à notre portée plutôt que sur ce qui ne sera jamais assez bien. Nos tourments passés tendent à déterminer la structure de nos vies, ce pour quoi un tel changement d'allure est si difficile à mettre en œuvre. Lenú, le personnage « moyen » de Ferrante, s'efforce de couper les ponts avec l'excellence, d'embrasser la médiocrité, mais rompre avec son démon intérieur n'est pas une injonction si évidente :

> Combien de pactes secrets avais-je passés avec moi-même pour pouvoir exceller ! Et maintenant, après ce dur labeur pour apprendre, je devais désapprendre. Qui plus est, ma grande proximité avec Lila m'avait obligée à m'imaginer telle que je n'étais pas. Je m'étais additionnée à elle et me sentais mutilée

> dès que je me soustrayais. Pas une idée sans Lila. Pas une pensée à laquelle me fier sans le soutien de ses pensées. Pas une image. Je devais m'accepter en dehors d'elle. C'était là le cœur du problème. Accepter d'être quelqu'un de banal[2].

Je me retrouve énormément dans ce passage. Que n'ai-je point fait pour me donner une stature que je n'avais pas, pour m'extraire du « moins » et m'inscrire dans le « plus », tout cela pour obtenir l'approbation d'autrui ?

Il peut paraître relativement inoffensif de prendre une amie pour modèle, mais les symptômes décrits ici par Ferrante traduisent quelque chose de plus nocif. Quand sa géniale amie disparaît, Lenú se retrouve comme amputée, sans aucune pensée valable, d'une banalité honteuse. Vouloir s'emparer de la magie de quelqu'un est une entreprise vouée à l'échec, car tout ce qu'on fait alors, c'est singer un univers préfabriqué. Il n'est pas étonnant, dès lors, que ce vide ait sans cesse besoin d'être comblé, occupé par une nouvelle figure charismatique. Mettre fin à ce schéma répétitif et prendre ses distances avec ce qui nous apparaît comme spectaculaire est difficile. Sans la présence tutélaire d'un modèle, le sujet peut se sentir terriblement diminué. Habiter le mineur exige au préalable un bon ménage intérieur ; balayer ces formes de pouvoir séduisantes mais fugaces est le premier pas, mais non le moindre.

Mon perfectionnisme n'a jamais vraiment disparu, non plus que ma peur de ne pas être à la hauteur. Ce qui a changé est que je suis désormais capable d'analyser ce qui m'a ouvert les yeux – sur moi-même et sur les autres. Peut-être n'aurais-je pas dû me montrer si sévère envers moi-même plus jeune, envers mon refus de tout compromis. Cet ascétisme juvénile, comme nous l'avons vu avec Eliot ou Wittgenstein, non seulement a quelque chose de stimulant, mais peut aussi nous orienter vers une conception particulière du bien. Le problème, à l'époque, est que cette représentation était obsessionnelle. Le mélange d'existentialisme mal digéré, de la notion romantique de l'âme russe et d'une mélancolie constante m'a conduite à nourrir des idées sombres, alimentées par l'étrange réconfort de l'exclusion – au moins, la souffrance avait l'ampleur du drame. Ne pas être *assez bien* était la preuve que je ne trahissais pas mes principes. Je ne trouvais pas mon rythme parmi les beaux parleurs, dont je peinais à gagner le respect, car les idées ne me venaient qu'une fois qu'on avait changé de sujet. Je puisais chez Dostoïevski ma conception extrémiste de la pureté, oubliant de lui adjoindre la bienveillance réparatrice qu'il aimait chez Dickens. J'empruntais leur goût du drame aux personnages jeunes d'Eliot, ignorant la sagesse qu'ils acquéraient avec le temps. L'une des conséquences de ma « conversion » à l'*assez bien* est que j'accepte beaucoup mieux les choses que je ne peux pas changer.

Je ne serai jamais une lectrice rapide, ni un esprit logique. Mais comprendre ce que je ne puis être et pourquoi je me suis tant mortifiée pour en arriver là m'a amenée à réfléchir sur la ligne ténue qui sépare tolérance et intolérance. Je reconnais mon ancien absolutisme chez certains de mes étudiants, et je n'ai que tendresse pour leur quête de pureté et leur révolte face à la passivité ou au compromis. Je n'oublie pas que, dès lors qu'on nous confond avec nos idées, les problèmes commencent. Tant de raisons peuvent nous amener à affirmer ceci ou cela. Ou au contraire réprimer ce que nous ressentons vraiment ou ce que nous aurions voulu dire. L'image que nous projetons n'est en aucun cas notre vie intérieure ; et elle n'est pas non plus toute notre histoire. Les convictions de mes étudiants, si elles peuvent parfois sembler dogmatiques, ne sont jamais très loin d'être plus souples et solidaires. Les noyaux de vérité despotiques auxquels ils s'accrochent peuvent se briser à tout moment et, tel du vif-argent, déverser de généreuses gouttes de vie.

Je termine ce livre en espérant vous avoir remis aux bons soins de ces êtres remarquables qui ont su se libérer de la promesse d'une reconnaissance future. Observateurs des autres, ils voient sans ressentir le besoin impérieux d'être vus. S'ils ont parfois été oubliés, leurs qualités ont néanmoins pénétré la trame du vaste monde. Débarrassés des contorsions exigées par le succès, ils m'ont conduite à reconsidérer ce qui suffit à une vie bonne.

Notes

Chapitre premier
Qui a peur de l'assez bien ?

1. « Une mère n'est ni bonne, ni mauvaise, ni le produit d'une illusion ; c'est une entité séparée et indépendante : la mère suffisamment bonne [...] commence par témoigner d'une adaptation presque totale aux besoins de son bébé, puis, avec le temps, cette adaptation se fait de moins en moins sentir, cette diminution étant fonction de la capacité croissante qu'acquiert l'enfant de faire face à la défaillance maternelle. » D. W. Winnicott, « Objets transitionnels et phénomènes transitionnels », dans *Jeu et réalité*, trad. Claude Monod et J.-B. Pontalis, Gallimard, « Folio essais », p. 43.

2. Edith Zimmerman, « I'm Calling Hypocrisy on These "Good-Enough Life" Advocates », *The Cut*, 20 février 2019 (https://www.thecut.com/2019/02/calling-hypocrisy-on-these-good-enough-life-advocates.html).

3. Adam Bradley, « The Privilege of Mediocrity », *The New York Times Magazine*, 30 septembre 2021. https://www.nytimes.com/2021/09/30/t-magazine/mediocrity-people-of-color.html

4. Emily Dickinson, Lettre du 22 juin 1851 à Austin Dickinson.

5. Jorge Luis Borges, « L'approche d'Almotasim », *Fictions*, trad. P. Verdevoye, Ibarra et Roger Caillois, Gallimard, « Folio », 1983, p. 38.

6. Virginia Woolf, « Le roman moderne », dans *L'Art du roman*, trad. Rose Celli, Seuil, « Points », 2009, p. 11-12.

7. Virginia Woolf, *A Sketch of the Past*, essai autobiographique inachevé, 1940.

8. Octavio Paz, « Masques mexicains », dans *Le Labyrinthe de la solitude*, trad. Jean-Clarence Lambert, Gallimard, 1972, p. 43.

9. Le classiciste Robert Cioffi m'a rappelé que *eudaimonia* signifiait littéralement avoir un bon *daimôn*, autrement dit un bon génie, une bonne fortune divine. Qu'est-ce qui nous amène aujourd'hui à dédaigner cette fortune divine, à la trouver insuffisante ?

10. Le poète latin Horace n'a jamais considéré le juste milieu comme un compromis. Au contraire, il exigeait pour lui une grande capacité d'adaptation. À chacun d'évaluer le genre de vie auquel il est capable de s'adapter. « L'adaptation constitue ainsi un élément essentiel de l'*aurea mediocritas* [...]. Une telle approche, appliquée non seulement à la philosophie mais à des domaines très variés, permettra à Horace de définir lui-même les termes du compromis, plutôt que de se les voir imposer. » Stephanie McCarter, *Horace Between Freedom and Slavery. The First Book of Epistles*, Madison, University of Wisconsin Press, 2015, p. 42.

11. Voir le *Likoutei Amarim*. Comme le rappelle Iddo Landau, dans ce livre fondateur du hassidisme Habad (dont le sous-titre, *Sefer chel Beinonim*, pourrait se traduire par « Le livre des gens médiocres »), la distinction entre le saint (*tzaddikim*), l'intermédiaire (*benonim*) et l'impie (*resha'im*) insiste surtout sur le danger des extrêmes. Comme l'écrit Landau, « la plupart d'entre nous n'a pas à viser au-delà du statut de *benonim*, c'est-à-dire, la catégorie des gens situés entre le pôle des *tzaddikim* et celui des *resha'im*. » Ce texte, souligne encore Landau, a ceci de remarquable que non seulement il légitime la médiocrité mais qu'il la qualifie de « très bonne ». Alors qu'en anglais moderne, ce terme (« médiocre ») évoque quelque chose d'insuffisant, dans la religion juive il renvoie

à une attitude « très bonne ». Nous reviendrons plus tard à la critique du perfectionnisme développée par Landau dans son livre. Voir *Finding Meaning in an Imperfect World*, Oxford, Oxford University Press, 2017, p. 56.

12. Si le concept de *sophrosynè* semble peu inspirant, c'est uniquement parce que nos attentes sont trop extrêmes. Pour Aristote, la retenue n'avait rien d'étriqué ni d'ennuyeux.

13. Je dois la référence à Ismène à un échange avec Daniel Mendelsohn : « Ismène plutôt qu'Antigone, sans hésitation ! »

CHAPITRE 2

La malédiction Schopenhauer : mes années « pas assez bien »

1. Arthur Schopenhauer, *Le Monde comme volonté et représentation*, trad. Christian Sommer, Vincent Stanek et Marianne Dautrey, Gallimard, « Folio essais », vol. I, livre IV, § 58, p. 603.

2. *Ibid.*, p. 604.

3. Ivan Gontcharov, *Oblomov*, trad. Luba Jurgenson, Robert Laffont, « Bouquins », p. 513.

4. *Ibid.*, p. 516-517.

5. Friedrich Nietzsche, « Schopenhauer éducateur », trad. Cornélius Heim, dans *Considérations inactuelles III et IV*, Gallimard, « Folio essais », 1990, p. 35.

6. Friedrich Nietzsche, *Le Crépuscule des idoles*, trad. Henri Albert, GF-Flammarion, 1985, p. 141-142.

CHAPITRE 3

L'anxiété sociale et l'art de l'humiliation

1. Sur ce jeu des statuts, auquel nous jouons tous inévitablement, voir cet article d'Agnes Callard : https://

thepointmag.com/examined-life/who-wants-to-play-the-status-game-agnes-callard/

2. Norbert Elias, *La Dynamique de l'Occident*, trad. Pierre Kamnitzer, Calmann-Lévy, 1975, p. 183.

3. *Éthique à Nicomaque*, 1097a, trad. Jules Tricot.

4. Thomas Bernhard, *Le Naufragé*, trad. Bernard Kreiss, Gallimard, « Folio », 1986, p. 14-15.

5. *Ein Leben an der Seite von Thomas Bernhard. Ein Rapport.* Cité dans Liam Hoare, « Thomas Bernhard was a Demon, half-brother reveals in bestseller », *The Guardian*, 23 mars 2021. https://www.theguardian.com/books/2021/mar/23/

6. « Final Soliloquy of the Interior Paramour », *The Collected Poems of Wallace Stevens*, 1954.

7. Voir Daniel S. Milo, *Good Enough : The Tolerance for Mediocrity in Nature and Society*, Harvard University Press, 2019. « Nous nous inventons des problèmes à résoudre, des diversions sans fin dans lesquelles nous plonger. Mais une fois ce niveau atteint, la pulsion demeure et nos neurones qui s'ennuient réclament de l'action. »

8. Paul Fleming, *Exemplarity and Mediocrity. The Art of the Average from Bourgeois Tragedy to Realism*, Palo Alto, Stanford University Press, 2008, p. 129.

9. *Ibid.*, p. 140.

10. Comme le dit Fleming, « le résultat escompté de cet investissement dans l'ordinaire […] est de révéler des figures exemplaires issues de la vie supposément ordinaire », *Exemplarity and Mediocrity*, *op. cit.*, p. 155.

11. Rainer Maria Rilke, *Les Cahiers de Malte Laurids Brigge*, trad. Maurice Betz.

12. Franz Kafka, *Journal, édition intégrale. Douze cahiers (1909-1923)*, trad. Dominique Tassel, Gallimard, « Folio essais », 2021, p. 560 (10 janvier 1915).

13. Anne Sexton, *A Self-portrait in Letters*, Ecco, 2004, p. 116.

14. *Mercredi 9 juillet 1958* : « Écrire de la prose est devenu pour moi une phobie, mon esprit se ferme et je me crispe. Je ne veux pas, ou ne peux pas, trouver vraiment une intrigue. » Voir aussi l'entrée du *7 juillet 1958* : « Si je veux écrire, être ainsi horrifiée et pétrifiée par l'écriture n'est vraiment pas la bonne attitude. Le fantôme de mon roman à naître est une tête de Méduse. » Sylvia Plath, *Journaux (1950-1962)*, trad. Christine Savinel, 1999, Gallimard, p. 320 et 323.

15. Lettre à George Sand du 27 novembre 1866, dans Flaubert, *Correspondance*, Choix et présentation de Bernard Masson, Gallimard, « Folio », 1998, p. 496.

16. « Michael Cunningham on Virginia Woolf's Literary Revolution », *New York Times*, 23 décembre 2020.

17. Arthur Schopenhauer, *Parerga et Paralipomena*, « La philosophie universitaire », trad. Auguste Dietrich et Jean Bourdeau, Robert Laffont, « Bouquins », 2020, p. 308 et suiv.

18. Cité dans Karl Popper, *La Société ouverte et ses ennemis*, trad. Jacqueline Bernard et Philippe Monod, Seuil, 1990-1991, p. 22.

19. Arthur Schopenhauer, *Parerga et Paralipomena*, « La philosophie universitaire », *op. cit.*

20. Arthur Schopenhauer, *Le Monde comme volonté et représentation*, vol. I, *op. cit.*, p. 60.

21. Sebastian Smee, *The Art of Rivalry*, « Pollock and de Kooning », New York, Random House, 2016, p. 259-355, notamment p. 297.

22. *Ibid.*, p. 311.

23. Cité par Sebastian Smee, *ibid.*

24. Andrea Petkovic, « The Art of the Rivalry », *Racquet Magazine*, n° 3, 2017. Voir aussi Sebastian Smee, *The Art of Rivalry*, *op. cit.*, p. 349.

25. Tim Parks, « Raise Your Hand If You've Read Knausgaard », *New York Review Daily*, 9 juillet, 2014.

26. Tim Parks, « A Novel Kind of Conformity », *New York Review Daily*, 1er décembre 2015.
27. Jay Parini, *Empire of Self : A Life of Gore Vidal*, Anchor Books, 2016.

CHAPITRE 4

En classe : les étudiants et l'assez bien

1. Temple Grandin, *Penser en images et autres témoignages sur l'autisme*, Odile Jacob, 1997, trad. Virginie Schaefer. Oliver Sacks, préfacier du livre, parle d'un « pont entre son monde et le nôtre, qui nous permet d'apercevoir, de l'intérieur, un esprit d'un autre type ».
2. Édouard Glissant, *Poétique de la relation*, Gallimard, 1990, p. 204.
3. *Ibid.*, p. 206-207.
4. *Ibid.*, p. 207.
5. « What Is It Like to Be a Bat ? », *The Philosophical Review*, vol. 83, nº 4, octobre 1974, p. 435-450.
6. Cité par Oliver Sacks, dans *Un anthropologue sur Mars. Sept histoires paradoxales*, trad. Christian Cler, Seuil, 1996, p. 377.
7. *Ibid.*, p. 355. Traduction modifiée.
8. Virginia Woolf, *Mrs Dalloway*, trad. Marie-Claire Pasquier, dans *Œuvres romanesques I*, Gallimard, « Bibliothèque de la Pléiade », 2012, p. 1150-1151.
9. Charles Dickens, *Un conte de deux villes*, trad. Jeanne Métifeu-Béjeau, Gallimard, « Bibliothèque de la Pléiade », livre I, chapitre 3, p. 983.
10. « Fascinated to Presume : In Defense of Fiction », *New York Review of Books*, 24 octobre 2019. https://www.nybooks.com/articles/2019/10/24/zadie-smith-in-defense-of-fiction/
11. David Cohen, « Temple Grandin : I'm an anthropologist from Mars », https://www.theguardian.com/educa-

tion/2005/oct/25/highereducationprofile.academicexperts. Comme le souligne Cohen, « ce fauteuil, qui contient l'utilisateur en une étreinte étroite, est toujours employé dans les traitements proposés aux personnes autistes en Angleterre. »

12. Elsa Högberg analyse cette dialectique dans un article remarquable sur Butler et Woolf. En citant Butler (« nous sommes défaits les uns par les autres [...] et si ce n'est pas le cas, nous manquons de quelque chose » [*Vie précaire*]), elle souligne la conviction de l'autrice selon laquelle « il y a une dimension constructive et affirmative au fait d'être "défait" ». Ni Butler ni Högberg ne célèbrent le démantèlement du soi, mais elles comprennent que, selon les mots de Butler, l'incohérence réflexive (accepter que nous ne vivons pas de façon totalement autonome) « établit combien nous sommes constitués relationnellement ». Judith Butler, *Giving an Account of Oneself*, Fordham University Press, 2005. Voir aussi Elsa Högberg, « Voices against Violence : Virginia Woolf and Judith Butler », *Le Tour critique*, 2, 2013. http://letourcritique.u-paris10.fr/index.php/letourcritique/article/view/22/html

13. Dès lors qu'on refuse de réduire l'expérience humaine à quelque chose de statique, on considère une personne dans sa dimension relationnelle, et non comme un être immobile. Plus il y a de méandres, et plus nous apparaîtra clairement ce quelque chose qui est « ni trop, ni trop peu, et qui n'est ni une, ni identique pour tout le monde » (Aristote, *Éthique à Nicomaque*, 5, 1106a-26-24).

14. Virginia Woolf, *Les Vagues*, trad. Cécile Wajsbrot, Clamann-Lévy, 1993, p. 107.

15. Virginia Woolf, *Vers le phare*, trad. Françoise Pellan, dans *Œuvres romanesques II*, Gallimard, « Bibliothèque de la Pléiade », 2012, p. 177-178.

CHAPITRE 5
La tyrannie du mérite

1. « Does Meritocracy Destroy the Common Good », 2020, débat entre Michael J. Sandel, T. J. Jackson Lears et Anna Deavere Smith.

2. Michael Sandel, *La Tyrannie du mérite*, trad. Astrid von Busekist, Albin Michel, 2021. Traduction légèrement modifiée.

3. William James, *Principles of Psychology*, chap. X, « The Consciousness of the Self », section : « Rivalry and Conflict of the Different Selves », Dover Publications ; éd. révisée juin 1950, p. 313.

4. Michael Sandel, « The Populist Backlash Has Been a Revolt Against the Tyranny of Merit », *The Guardian*, entretien avec Julian Coman, 6 septembre 2020.

5. Friedrich Nietzsche, *L'Antéchrist*, 57, trad. Éric Blondel, GF-Flammarion, 1996, p. 124.

6. Alexis de Tocqueville, *De la démocratie en Amérique*, vol. 2, chapitre II : « De la source principale des croyances chez les peuples démocratiques ».

7. *Pensées de Gustave Flaubert,* texte établi par Caroline Franklin Grout, Louis Conard, 1915.

8. Friedrich Nietzsche, *Par-delà le bien et mal*, trad. Patrick Wotling, GF-Flammarion, 2000, § 212, p. 182.

9. Friedrich Nietzsche, *L'Antéchrist*, *op. cit.*, p. 122-124.

10. *Ibid.*, p. 124.

11. Ralph Waldo Emerson, *La Confiance en soi*, trad. Monique Bégot, Rivages poche, 2018.

12. *Ibid.*

13. *Ecce Homo*, « Pourquoi je suis si malin », § 9, trad. Henri Albert.

14. Friedrich Nietzsche, *Le Gai Savoir*, livre IV, § 276, trad. Henri Albert.

15. Leon Chestov, *La Philosophie de la tragédie, Dostoïevski et Nietzsche*, Bruit du Temps, 2019, partie IX.

Chapitre 6

Art et artisanat, même combat ?

1. Virginia Woolf, *Un lieu à soi*, trad. Marie Darrieussecq, Gallimard, « Folio classique », 2016, p. 161.

2. Richard Sennett, *Ce que sait la main. La culture de l'artisanat*, trad. Pierre-Emmanuel Dauzat, Albin Michel, 2010, p. 381-382.

3. Léon Tolstoï, *Guerre et Paix*, livre X, chapitre 28, trad. J.-Wladimir Bienstock.

4. Isaiah Berlin, *Le Hérisson et le Renard. Essai sur la vision de l'histoire de Tolstoï*, trad. Aline Berlin, Les Belles Lettres, 2020.

5. Richard Sennett et Jonathan Cobb, *The Hidden Injuries of Class*, Norton, 1972, p. 170-171.

6. Steven Rockefeller et John Dewey, *Religious Faith and Democratic Humanism*, Columbia University Press, 1991, p. 150.

7. Richard Sennett, *Ce que sait la main*, *op. cit.*

8. « Prejudice apart, the game of push-pin is of equal value with the arts and sciences of music and poetry », *The Rationale of Reward*. http://www.laits.utexas.edu/poltheory/bentham/rr/

9. John Stuart Mill, *Utilitarianism* [1863], Hackett Publishing Company, 2002, p. 7.

10. Theodor W. Adorno, *Aesthetic Theory*, trad. Robert Hullot-Kentor, Minneapolis, University of Minnesota, 1997, p. 13.

11. Theodor W. Adorno, « Temps libre », dans *Modèles critiques*, Payot, 2003, p. 179-188.

12. Charles Baudelaire, « Anywhere out of the World », *Le Spleen de Paris. Petits poèmes en prose.*

Chapitre 7
Le snobisme et le jamais assez bien

1. Richard Sennett, *The Hidden Injuries of Class*, *op. cit.*, quatrième de couverture.

2. *Ibid.*, p. 25.

3. « Car dès à présent, le mot travail est trop noble, trop ambitieux pour désigner ce que nous faisons ou croyons faire dans le monde où nous sommes. Le dernier stade de la société du travail, la société d'employés, exige de ses membres un pur fonctionnement automatique, comme si la vie individuelle était réellement submergée par le processus global de la vie de l'espèce, comme si la seule décision encore requise de l'individu était de lâcher, pour ainsi dire, d'abandonner son individualité, sa peine et son inquiétude de vivre encore individuellement senties, et d'acquiescer à un type de comportement, hébété, "tranquillisé" et "fonctionnel". » Hannah Arendt, *Condition de l'homme moderne*, « La *vita activa* et l'âge moderne », trad. Georges Fradier, Pocket, 1994, p. 400.

4. Donna Haraway décrit cette « danse conjointe » entre humains et animaux, fondée sur une possession réciproque. Le lien est alors si viscéral, écrit-elle, si profondément réciproque, qu'il est presque impossible à défaire. Fondées sur l'amour et le respect, « les exigences d'une telle relation sont d'ordre à changer la vie pour tous les partenaires ». *Manifeste des espèces compagnes*, trad. Jérôme Hansen, Climats, 2019.

5. Emmanuel Bove, *Cœurs et Visages*, dans *Romans*, Flammarion, « Mille et une pages », 2006, p. 731.

6. Voir Sandra Laugier, « The Ethics of Care as a Politics of the Ordinary », *New Literary History*, 46, n° 2, printemps 2015, p. 217-240.

7. Virginia Woolf, *Un lieu à soi*, *op. cit.*, p. 87.

Chapitre 8
Comment développer son imagination sympathique

1. Emmanuel Levinas, *Totalité et infini. Essai sur l'extériorité* [1961], Livre de poche, 1990, p. 43.

2. Sharon Todd écrit : « À ce niveau de sensibilité, l'ego est amené à se transformer par une rencontre qui dépasse nos facultés cognitives comme nos tentatives de saisir ou de comprendre l'Autre comme un alter ego, quelqu'un qui nous ressemble. » « Experiencing Change, Encountering the Unknown : An Education in "Negative Capability" in Light of Buddhism and Levinas », *Journal of Philosophy of Education*, vol. 49, n° 2, 2015, p. 249.

3. Je me réfère là encore à Sharon Todd : « Cet "espace de sensibilité" renvoie à une approche de la vie qui reconnaît une certaine passivité, une acceptation, un désintérêt pour toute saisie de l'expérience via des catégories de connaissances figées » (*ibid.*, p. 241).

4. Sur cette notion de compassion fraternelle, voir Zlatan Filipovic, « Introduction to Emmanuel Levinas », *Moderna språk*, 2011:1, p. 67.

5. Je remercie Odile Chilton de m'avoir orientée vers les bonnes citations dans la Bible du roi Jacques.

6. Cité par François Poirier, *Emmanuel Levinas. Qui êtes-vous ?*, La Manufacture, 1987, p. 98. C'est l'important ouvrage de Joelle Hansel, *Levinas in Jerusalem : Phenomenology, Ethics, Politics, Aesthetics* (Amsterdam, Springer, 2008) qui a porté ces citations à mon attention. Voir notamment le chapitre « Justice and Charity » (p. 149-152). Hansel tire elle-même d'importantes réflexions pour notre sujet de « Philosophie, justice et amour : Entretien avec Emmanuel Levinas », éd. R. Fornet et A. Gomez, *Esprit* 8/9, 1983.

7. Emmanuel Levinas, *Totalité et infini*, *op. cit.*, p. 316.

8. Iddo Landau, *Finding Meaning in an Imperfect World*, Oxford, Oxford University Press, 2017, p. 33.

9. *Ibid.*, p. 34.

10. Vassili Grossman, *Vie et Destin*, trad. Alexis Berelowitch et Anne Coldefy-Faucard, L'Âge d'homme, 1995, p. 383.

11. *Ibid.*, p. 263.

12. Michael Morgan, *Discovering Levinas*, Cambridge, Cambridge University Press, 2007, p. 75.

13. Walter Jackson Bates, « The Sympathetic Imagination in Eighteenth-Century English Criticism », *ELH*, vol. 12, n° 2, juin 1945, p. 144-164. C'est moi qui souligne.

14. Shaftsbury, « Lettre à Benjamin Bailey », 22 novembre 1817.

15. Randi Hutter Epstein, dans « The Maps Our Brains Create », *New York Times*, 1er juillet 2021. Elle se réfère à l'ouvrage de Rebecca Schwarzlose *Brainscapes. The Warped, Wondrous Maps Written in Your Brain – and How They Guide You*, New York, Houghton Mifflin Harcour, 2021, p. 52-54.

16. Emmanuel Levinas, *Difficile liberté. Essais sur le judaïsme*, Le Livre de poche, « Biblio essais », 1984.

17. Joan Russell Noble (éd.), *Recollections of Virginia Woolf by her Contemporaries*, Londres, Peter Owen Publishers, 1972, rééd. 2014, p. 157.

18. Traduction Louis Segond.

19. Voir Michael R. Williams et Aaron P. Jackson, « A New Definition of Tolerance », qui traitent de ces questions en lien avec l'œuvre d'Emmanuel Levinas.

Chapitre 9
La décence ordinaire : Orwell, Spinoza et l'abandon de la perfection

1. Hobbes, *Léviathan* [1660], chapitre XI, § 1, trad. Philippe Folliot.

2. George Orwell, *Hommage à la Catalogne*, in *Œuvres*, trad. Marc Chénetier, Gallimard, « Bibliothèque de la Pléiade », p. 825.

3. Bruce Bégout, *De la décence ordinaire*, Allia, 2008, p. 17. Je tiens à souligner que ce livre m'a renvoyée vers nombre de références essentielles. C'est un hommage non seulement à Orwell et à son éloge de la décence ordinaire, mais aussi à la magie que recèle la vie quotidienne. Je dois à Bégout nombre de citations reproduites dans ce livre.

4. George Orwell, « Politique contre littérature : à propos des *Voyages de Gulliver* » [1946], in *Essais, articles, lettres*, vol. IV (1945-1950), trad. Anne Krief, Bernard Pecheur et Jaime Semprun, Ivréa/Encyclopédie des Nuisances, 2001, p. 263-265.

5. Bruce Bégout, *De la décence ordinaire*, *op. cit.*, p. 38-39.

6. George Orwell, « Réflexions sur Ghandi » [1949], in *Essais, articles, lettres*, vol. IV, *op. cit.*, p. 559.

7. Bégout, *De la décence ordinaire*, *op. cit.*, p. 85.

8. Voir George Orwell, « Politique contre littérature », art. cit.

9. Justin Steinberg, *Spinoza's Political Psychology : The Taming of Fortune and Fear*, Cambridge, Cambridge University Press, 2018, p. 210.

10. Gilles Deleuze, *Spinoza. Philosophie pratique*, Éditions de Minuit, 1981/2003, p. 168.

11. *Ibid.*, p. 168-169.

12. *Ibid.*

Chapitre 10

Revoir ses ambitions avec George Eliot

1. George Eliot, *Middlemarch*, trad. Sylvère Monod, Gallimard, « Folio classique », 2005, p. 1087.

2. *Ibid.*, p. 1091.

3. Zadie Smith, « *Middlemarch* et nous », in *Changer d'avis*, trad. Philippe Aronson, Gallimard, 2013, p. 52 et 54.

4. Balthasar Thomass, *Être heureux avec Spinoza,* Eyrolles, 2019, p. 70-71.

5. Zadie Smith, « *Middlemarch* et nous », in *Changer d'avis*, *op. cit.*, p. 60.

6. *Ibid.*, p. 57.

7. Rebecca Mead, « *Middlemarch* and Me », *The New Yorker*, février 2011 : http://www.newyorker.com/magazine/2011/02/14/middlemarch-and-me

8. André Gorz, *Lettre à D. Histoire d'un amour*, Galilée, 2006, p. 72.

9. *Ibid.*, p. 44-45.

10. Horace, *Odes*, II, 10, trad. François Richard, GF-Flammarion, 1967, p. 76.

11. *The George Eliot Letters*, éd. Gordon S. Haight, 9 vol, New Haven, Yale University Press, 1954-1974, *1:19.* Voir l'article éclairant de Rosemarie Bodenheimer, « Ambition and Its Audiences : George Eliot's Performing Figures », *Victorian Studies*, vol. 34, n° 1, automne 1990, p. 7-33.

12. Citée par Rosemarie Bodenheimer, « Ambition and Its Audiences : George Eliot's Performing Figures », art. cit., p. 8, 9 et 13.

13. Comme l'écrit Bodenheimer : « En devenant George Eliot, Marian Evans Lewes pratiqua son art sous couvert d'une double invisibilité : la publication sous pseudonyme, et la séparation volontaire, durant toute sa carrière, entre ses livres et sa vie privée. » Bodenheimer (p. 20) cite une

analyse de Catherine Gallagher : « L'angoisse de George Eliot quant au statut d'auteur tenait moins d'un rejet d'une autorité patriarcale que de l'association, dans son esprit, entre l'écriture et une forme de prostitution. » « George Eliot et Daniel Deronda : The Prostitute and the Jewish Question », in *Sex, Politics and Science in the Nineteenth-Century Novel*, Ruth Bernard Yeazell (éd.), Baltimore, Johns Hopkins University Press, 1986, p. 39-46.

14. Toutes mes remarques concernant Jane Senior proviennent de Barbara Hardy, « Art into Life, Life into Art : *Middlemarch* and George Eliot's Letters, with special reference to Jane Senior », *George Eliot-George Henry Lewes Studies*, n° 44/45, septembre 2003, p. 75-96.

15. Les critiques se sont longuement interrogés sur ce « compliment ambigu adressé à une femme qui vient de démarrer une vie professionnelle, employant une image domestique, "raccomoder les choses", et opposant l'inspiration au travail, la passivité à l'activité. » Voir Barbara Hardy, « Art into Life », art. cit., p. 88-89.

16. Lettre du 19 mars 1870, citée par Hardy, « Art into Life », art. cit., p. 90.

17. Voir Michael Tondre, « George Eliot's "Fine Excess" : *Middlemarch*, Energy, and the Afterlife of Feeling », *Nineteenth-Century Literature*, 2012, 67 (2), p. 204-233. L'analyse de Tondre est la suivante : « Tandis que les protagonistes [d'Eliot] reflètent la dégradation des relations interpersonnelles – l'impossibilité d'une reconnaissance parfaite de la souffrance d'autrui –, le roman emploie le vocabulaire et les images du « rayonnement » pour évoquer les effets post-subjectifs de la sympathie dans la vie des autres. »

18. Montaigne, *Essais*, III, 13, Guy de Pernon, sur numlivres.fr, p. 325.

19. Zadie Smith, *Changer d'avis*, *op. cit.*, p. 135.

20. George Eliot, *Middlemarch*, *op. cit.*, chap. 22, p. 308.

Chapitre 11
Proust, Tchékhov, Naipaul : les risques du catalogage

1. Marcel Proust, *La Recherche du temps perdu*, Gallimard, « Bibliothèque de la Pléiade », 1987, vol. I, p. 111.

2. *À l'ombre des jeunes filles en fleurs*, partie II.

3. James Baldwin, *Chroniques d'un enfant du pays*.

4. V. S. Naipaul, *Une maison pour monsieur Biswas*, Gallimard, trad. Louise Servicen, Gallimard, « L'imaginaire », 1985, p. 367.

5. *Ibid.*, p. 7.

6. *Ibid.*, p. 261-262.

7. Boris Pasternak, *Doctor Zhivago*, New York, Everyman Library, 1958, rééd. 1991, p. 285. Cité par Boris Fishman, dans son introduction à *Chekhov : Stories for Our Time*, Restless Books, 2018.

8. Maxime Gorki, *Souvenirs de ma vie littéraire*, éditions du Sagittaire, 1923.

9. Levshestov, *All Things are Possible,* trad. S. S. Koteliansky, New York, Robert McBride, 1920, p. 51

10. Tchékhov, *La Mouette*, in *Théâtre complet* I, trad. Génia Cannac et Georges Perros, Gallimard, « Folio classique », p. 331.

11. Friedrich Nietzsche, *Considérations inactuelles*, I, trad. Henri Albert. Même si Nietzsche évoque ici le cas de l'Allemagne après la guerre franco-prussienne, c'est aussi une réflexion sur la difficulté humaine à assimiler la victoire en général.

12. Voir Roland Quinault, « Chekhov and Conservation », *History Today*, 60 (2), février 2010 (http://www.historytoday.com/roland-quinault/chekhov-and-conservation).

13. Quinault souligne aussi que, quand Astrov tente de convaincre Elena de s'intéresser aux arbres, cette dernière

préférerait qu'il se préoccupe de sujets plus matériels et plus valorisants.

14. Anton Tchékhov, *Oncle Vania*, trad. André Markowicz et Françoise Morvan, Actes Sud, « Babel », 1994, p. 27.

15. Arthur Schopenhauer, *Le Monde comme volonté et représentation*, vol. II, livre IV, chapitre 46, « De la vanité et des souffrances de la vie », *op. cit.*, p. 2044.

16. Anton Tchékhov, *Tête à l'évent*, trad. L. Golschmann et E. Jaubert, *La Revue de Paris*, 1898.

17. Somerset Maugham semble avoir repris à Tchékhov l'opposition entre le médecin généreux et l'épouse frivole dans son roman *The Painted Veil* [1925] (traduit en français sous le titre *La Passe dangereuse*).

Chapitre 12
L'excellence invisible

1. Deborah Orr, « Elena Ferrante and the Cost of Being an Author ». « Votre refus de dévoiler votre visage a paru un acte particulièrement audacieux en plein boom des réseaux sociaux, et encore plus audacieux lorsque votre fresque napolitaine, qui retrace la vie de deux filles nées dans un milieu pauvre du Naples d'après-guerre, fit de vous une authentique star mondiale. » *The Atlantic*, 4 octobre 2016. https://www.theatlantic.com/entertainment/archive/2016/10/do-readers-ask-too-much-of-authors/502844/

2. https://www.theguardian.com/books/2016/feb/19/elena-ferrante-anonymity-lets-me-concentrate-exclusively-on-writing

3. https://euroculturer.eu/2016/11/28/plotting-elena-ferrante-an-anonymous-writers-map-to-freedom/

4. *The Paris Review* (https://www.theparisreview.org/interviews/6370/art-of-fiction-no-228-elena-ferrante).

5. *Ibid.*

6. Adam Phillips, *La Meilleure des vies. Éloge de la vie non vécue*, trad. Michel Gribinski, éditions de l'Olivier, 2013.
7. *Ibid.*
8. « Dans ses écrits, un sage Italien/Dit que le mieux est l'ennemi du bien », *Dictionnaire philosophique*, 1777.
9. Virginia Woolf, *Les Vagues*, *op. cit.*

En guise de conclusion

1. Roxana Robinson, « The Rivalry Between Georgia O'Keeffe and Her Sister Ida », *The New Yorker*, 4 septembre 2019. https://www.newyorker.com/culture/culture-desk/the-rivalry-between-georgia-okeeffe-and-her-sister-ida
2. Elena Ferrante, *Celle qui fuit et celle qui reste. L'Amie prodigieuse III*, Gallimard, 2017, p. 322.

Remerciements

Ce livre doit tout à l'intelligence, à la perspicacité et au talent de mon incomparable éditrice Maxime Catroux et à ma brillante traductrice Clotilde Meyer. Elles ont su transformer mes « demi-pensées » en idées ciselées.

Mon essai n'aurait jamais vu le jour sans l'aide de mes fabuleux amis, collègues et étudiants de Bard College. Pour m'avoir aidée à composer et améliorer mon texte, Robert Cioffi, Alex Kitnick, Ann Lauterbach, Daniel Mendelsohn, Matthew Mutter et Eric Trudel.

Simon van Zuylen-Wood a passé le manuscrit au peigne fin pour y traquer les passages fastidieux ou pédants. Et Odile Sevault Chilton dont le talent éditorial va bien au-delà du *good-enough*.

Pour leur érudition et leur finesse d'esprit, je tiens à remercier : Daniel Benjamin, Gabriela Carrión, Olivia Custer, Lauren Curtis, Deirdre d'Albertis, Tabetha Ewing, Stephen Graham, Vivé Griffith, Lela Hilton, Rachel Jacoff, Emery Jenson, Stephanie Kufner, Marisa Libbon, Gabriella Lindsay, Medrie MacPhee, Jamie O'Reilly, Leonard Peters, Katherine

Pickard, Francine Prose, Nathalie Sawmy, Shai Secunda, Mona Simpson, Dominique Townsend, David Ungvary, Olga Voronina, Thomas Wild, Malgorzata Zemła.

Je dois énormément à mes étudiants Lydia Perry, Lin Pritchard, Sam Reed, et tout particulièrement Jacob Szepessy. Merci à tous les enseignants et les étudiants du programme « Clemente Course in the Humanities ».

Mes amis dix-neuviémistes m'ont encouragée et inspirée : je ne puis tous les nommer ici, mais je remercie notamment Janet Beizer, Masha Belenky, Morgane Cadieu, Pauline de Tholozany, Andrea Goulet, Susanna Lee, Bettina Lerner et Maurie Samuels.

Enfin, mes plus vifs remerciements vont au Dr. Churchill, à qui je dois une moitié de cerveau et à Stephan Wolohojian, qui veille à ce que je ne le perde plus en route.

Table

NORD COMPO
multimédia

Composition et mise en pages
Nord Compo à Villeneuve-d'Ascq

CET OUVRAGE
A ÉTÉ ACHEVÉ D'IMPRIMER
SUR ROTO-PAGE
PAR L'IMPRIMERIE FLOCH
À MAYENNE EN MARS 2023

N° d'édition : 560438-0. N° d'impression : 102284
Dépôt légal : avril 2023
Imprimé en France